AF636109

1. Auflage

© 2023 by Südwest Verlag, einem Unternehmen der
Penguin Random House Verlagsgruppe GmbH,
Neumarkter Straße 28, 81637 München

Die Originalausgabe erschien 2021 unter dem Titel
»Portionen under Tian: Äta ute«.

Die Verwertung der Texte und Bilder, auch auszugsweise, ist ohne Zustimmung des Verlags urheberrechtswidrig und strafbar. Dies gilt auch für Vervielfältigungen, Übersetzungen, Mikroverfilmung und für die Verarbeitung mit elektronischen Systemen.

Der Verlag behält sich die Verwertung der urheberrechtlich geschützten Inhalte dieses Werkes für Zwecke des Text- und Data-Minings nach § 44 b UrhG ausdrücklich vor. Jegliche unbefugte Nutzung ist hiermit ausgeschlossen.

Hinweis: Das vorliegende Buch ist sorgfältig erarbeitet worden. Dennoch erfolgen alle Angaben ohne Gewähr. Weder Autorin noch Verlag können für eventuelle Nachteile oder Schäden, die aus den im Buch gegebenen Hinweisen resultieren, eine Haftung übernehmen.

Text: © Hanna Olvenmark 2021
Fotos: Ulrika Pousette
Covergestaltung und Layout: Emilie Crispin Ekström
Projektleitung: Philipp Christ
Übersetzung: Katrin Höller
Redaktion: trans texas publishing services GmbH
Satz: Satzwerk Huber, Germering
Herstellung: Monika Weiher
Druck und Bindung: Firmengruppe APPL, aprinta druck, Wemding
Printed in Germany

FSC www.fsc.org
MIX
Papier | Fördert gute Waldnutzung
FSC® C004592

Penguin Random House Verlagsgruppe FSC® N001967

ISBN 978-3-517-10272-6
www.suedwest-verlag.de

HANNA OLVENMARK

# NACHHALTIG KOCHEN FÜR DRAUSSEN UND UNTERWEGS

ÜBER 50 GÜNSTIGE REZEPTE
ZU HAUSE VORBEREITEN, IN DER NATUR GENIESSEN

südwest

# Inhalt

# Mach deine Mahlzeit zum Abenteuer!

**DRAUSSEN ZU ESSEN** ist den meisten von uns vertraut. Wenn im Frühling die ersten warmen Sonnenstrahlen zum Vorschein kommen, lassen sich viele gern in einem Straßencafé die Sonne ins Gesicht scheinen. Den ersten Kaffee am Morgen genießen sie auf der Terrasse oder dem Balkon, und im Sommer scharen sie sich um den Grill und sitzen sogar manchmal in Decken gehüllt bis in den frühen Morgen zusammen draußen.

Auch ich sitze gerne draußen auf der Terrasse, am Grill oder in einem Straßencafé. Doch am liebsten packe ich mir meinen Campingkocher ein und bereite mir mein Essen draußen im Wald zu, oder ich beginne den Tag mit einem Outdoor-Frühstück an einem meiner Lieblingsplätze im Park. Kurzum: Ich nehme mein Essen mit in die Natur und mache meine Mahlzeit zu einem kleinen Abenteuer.

Manch einer verbindet draußen zu essen vielleicht mit langen Wanderungen und Tütensuppen, damit der Rucksack so leicht wie möglich ist. Solltest du hoffen, dass dieses Buch dich zu einem Superwanderer macht, muss ich dich leider enttäuschen: Dies ist kein Buch für eine mehrtägige Alpenwanderung. Es ist vielmehr ein Buch für alle, die so oft wie möglich im Freien sein wollen, und es soll dich inspirieren, das ganze Jahr, auch im Alltag, draußen zu essen. Ein Buch, das du aufschlägst, wenn du den Ruf der Natur hörst!

Im Laufe der Jahre hat sich bei mir eine stattliche Zahl an Lieblingsrezepten für draußen angesammelt, die ich in diesem Buch vorstelle. Einige Gerichte kannst du prima auf dem Campingkocher zubereiten, wie ein cremiges rotes One-Pot-Curry, knusprige Quesadillas und natürlich den *Nachhaltig-kochen*-Klassiker Pasta mit Grünkohl, nur eben im Outdoor-Style. Andere Gerichte eignen sich sehr gut zum Vorbereiten zu Hause und zum Einpacken, wie Piroggen, Burritos mit der weltbesten Füllung aus schwarzen Bohnen und ein richtig guter Nudelsalat. Außerdem habe ich gute Vorschläge für Snacks, Kaffeepausen und Frühstück draußen in der Natur.

Ich hoffe, dass dir dieses Buch jede Menge Inspiration liefert, damit du bei deinen Ausflügen ins Grüne immer etwas Leckeres im Rucksack hast!

Hanna

# Die drei V

**»ICH WILL JA SO GERNE** draußen essen, aber wie soll ich das angehen?« Diese Frage höre ich sehr oft. Da gibt es natürlich viele Möglichkeiten. Hier möchte ich dir mein Modell vorstellen. Die drei V stehen für »Verbündete«, »Vorfreude« und »Vorbereitung«, und ich garantiere dir, dass du, wenn du erst einmal damit anfängst, im Nullkommanichts dein vorbereitetes (oder gekauftes) Essen draußen genießen wirst!

### Verbündete

Eine sehr effektive Möglichkeit, um im Freien zu essen, ist, einen oder mehrere Freund*innen dazu einzuladen. Ein gemeinsames Essen im Grünen ist sowieso die ultimative Form des Zusammenseins, deshalb ist es auch schlau, jemanden einzuladen und sich festzulegen – ähnlich wie bei einem gemeinsam geplanten Workout. Wenn du nämlich absagen würdest, hat das Folgen für andere. Plant so konkret wie möglich! Legt einen Tag, eine Uhrzeit, einen Ort fest – und was ihr essen wollt. Teilt auf, wer was mitbringt.

Sehr praktisch ist es, wenn ihr bestimmt, dass derjenige, der etwas mitbringt, auch für das jeweilige Drumherum verantwortlich ist: Bist du für Kaffee zuständig? Dann bring auch Becher, Zucker und Milch mit. Bereitest du den Haferbrei zu? Dann pack auch Besteck und Schalen ein.

### Vorfreude

Der nächste Schritt besteht darin, die Vorfreude systematisch zu erhöhen! Schicke deinen Verbündeten einen Screenshot mit den fantastischen Wetteraussichten für »euren« Tag oder schreibe eine Nachricht:

*Ich:* Das wird bestimmt super morgen!

*Freundin:* Ja! Gerade habe ich den Brotteig angesetzt.

*Ich:* Oh toll, ich freu mich schon auf deine belegten Brote! Ich mache gleich schon mal die Kaffeemaschine startklar.

### Vorbereitung

Wenn ich draußen frühstücken möchte, bereite ich so viel wie möglich schon am Vortag zu – etwa Brote schmieren oder die Kaffeemaschine befüllen. Plane ich eher ein Abendessen im Freien, muss ich vielleicht ein ganzes Gericht vorkochen. Checke zweimal, ob du auch wirklich alles eingepackt hast, und dann kann es losgehen!

Zur Vorbereitung gehört auch, eine Liste von Orten für ein schönes Picknick in der Natur parat zu haben. Manchmal erscheint eine Umgebung auf den ersten Blick nicht gerade einladend für ein Outdoor-Essen, ist es aber bei näherem Hinsehen dann doch. Ich halte ständig Ausschau nach guten Picknickplätzen – in der Natur, in Parks oder mitten in der Stadt.

# Der Outdoor-Mittwoch

**ICH HABE ES SCHON IMMER GELIEBT,** mir eine Auszeit von der Stadt zu nehmen und auf einem Ausflug draußen zu essen. Doch nachdem meine Tochter Ronja geboren war, wurde ich ehrlich gesagt etwas träge. Bevor ich ein Kind hatte, habe ich mich mit Freund*innen mitten in der Woche zum Frühstück verabredet, bin eine Runde in meinem Lieblings-Naturschutzgebiet Änggårdsbergen gelaufen oder mit dem Rad hinaus zum See Delsjön gefahren, wo ich dann auch gepicknickt habe. Jetzt schaffe ich höchstens noch eine Runde mit dem Kinderwagen durch den Slottsskogen-Park. Das ist auch schön, aber es fehlte mir, draußen im Grünen Essen zuzubereiten. Denn dabei fühle ich mich immer besonders lebendig. Dieser Teil von mir verabschiedete sich kurz nach der Geburt meiner Tochter – oder besser gesagt, er lag im Winterschlaf.

Eines Tages beschloss ich daher, die Outdoor-Hanna wieder aufzuwecken, und erfand den »Outdoor-Mittwoch«. Die Idee war, einen festen Termin zu haben, der bewirkt, dass ich regelmäßig hinaus ins Grüne kam. Und mehr ist es auch nicht: Jeden Mittwoch, wenn ich in Göteborg bin, gehe ich raus in die Natur – entweder mit dem Campingkocher, um direkt draußen zu kochen, oder mit vorbereitetem Essen, das ich im Thermobehälter dabeihabe oder kalt essen kann.

Als ich mit dem Outdoor-Mittwoch anfing, war ich gerade in Elternzeit. Inzwischen habe ich wieder begonnen zu arbeiten, was es schwieriger macht, mittwochs für längere Zeit rauszugehen. Aber die Routine ist schon so gefestigt, dass ich trotzdem automatisch denke »Heute ist Mittwoch, wohin soll's gehen?« Und das reicht schon, um mich in Gang zu setzen. Manchmal schaffe ich es nur zu einem Frühstück auf die nächste Parkbank, oder ich gehe mittags mit einer Kollegin raus und sammle Ideen für die Arbeit, anstatt drinnen im Büro zu sitzen – am besten natürlich mit einem Snack in der Tasche.

Ein Vorteil des Rausgehens mitten in der Woche ist, dass mir das einen Vorgeschmack aufs Wochenende gibt (in Schweden ist so ein entspannter Mittwoch auch als *lillördag*, »kleiner Samstag«, bekannt). Es fühlt sich tatsächlich wie ein kleiner, wunderschöner Wochenendausflug an!

Ich begann damit, meine Ausflüge auf Instagram unter dem Hashtag *#uteonsdag* (Outdoor-Mittwoch) zu teilen, und schwupps sah ich, dass es mir einige Leute nachmachten. Manche hatten auch einen anderen Tag gewählt – für die einen war es der *#utetorsdag* (Outdoor-Donnerstag), für wieder andere der *#utelördag* (Outdoor-Samstag). Willst du regelmäßiger ins Grüne kommen, lege ich dir ans Herz, einen Tag speziell dafür zu reservieren. Welcher Tag passt dir am besten?

PS: Wenn du an »deinem« Tag mal keine Zeit hast, kannst du die Tage natürlich austauschen!

PRIMUS
POWER GAS
trangia
SOLSTICKAN

# Die Ausrüstung

**BEVOR WIR ÜBER DIE AUSRÜSTUNG SPRECHEN,** möchte ich betonen, dass du nicht den nächstbesten Outdoor-Laden leerkaufen musst, um loslegen zu können. Oft reicht das, was du eh zu Hause hast, und wenn du etwas nicht hast, kannst du es auch leihen.

Einen Campingkocher besitzt vielleicht nicht jeder. Du musst aber nicht gleich einen kaufen. Vielleicht kennst du jemanden, der dir einen leihen kann, oder an den du dich beim Outdoor-Kochen »dranhängen« kannst? Es gibt auch Webseiten, auf denen man Kocher leihen kann – perfekt, wenn du das Outdoor-Essen erst mal ausprobieren möchtest. Wenn es dir gefällt, kannst du dir ja immer noch einen eigenen Kocher zulegen.

Ich bewahre meine Ausrüstung in einer »Outdoor-Küchen-Schublade« auf. Da kommt alles hinein, was mit Outdoor-Essen zu tun hat. So habe ich es mir etwas leichter gemacht, weil ich mir nicht immer alles zusammensuchen muss, wenn ich draußen kochen möchte.

Ich überlege auch, ob ich für das jeweilige Gericht noch etwas Spezielles brauche. Küchenreibe? Pfannenwender? Die nehme ich dann einfach aus den »normalen« Küchenschubladen.

Die folgenden Dinge befinden sich in meiner Schublade, weil ich sie immer wieder brauche. Vielleicht brauchst du etwas anderes?

- **Campingkocher**
  Alle Teile inklusive Brenner und Brennstoff (meist Gas oder Benzin).
- **Thermogefäße**
  Thermogefäße für Essen, Flaschen für Getränke.
- **Besteck, etwas zum Umrühren**
  Nimm ein Material, das für deinen Kocher geeignet ist.
- **Etwas, um daraus zu essen**
  Schale oder Teller.
- **Behälter mit Öl**
  Ich nehme dafür die kleine Trinkflasche eines Laufgürtels.
- **Kleine Pfeffermühle**
  Frisch gemahlener Pfeffer veredelt jedes Outdoor-Essen.
- **Trinkgefäß oder Becher für Kaffee**
- **Wasserflasche(n)**
- **Feuerzeug/Streichhölzer**
- **Kleines Schneidebrett**
- **Scharfes Messer**
- **Mülltüte**

# Outdoor-Etikette

**DRAUSSEN ZU SEIN IST FANTASTISCH**, und weil die Natur allen gehört, sind wir auch alle für sie verantwortlich. Die goldene Regel ist, den Picknickplatz so zu verlassen, wie du ihn vorgefunden hast. Wenn alle diese Regel befolgen, heißt das ja auch, dass du den Ort in gutem Zustand vorfindest!

An die folgenden Regeln solltest du denken, wenn du draußen Essen zubereitest.

### Sei sparsam beim Abspülen und hinterlass keine Essensreste

Wenn ich draußen esse, wische ich meine Töpfe nur mit Küchenpapier aus und spüle sie später zu Hause. Aber manchmal wollt ihr vielleicht draußen übernachten oder ein zweites Mal kochen. Dann gilt Folgendes:

- Halte für Abfall immer eine Tüte bereit.
- Kleine Essensreste auf den Tellern darfst du abspülen, aber eher an Land als in einem Bach oder See.
- Verwende ein umweltfreundliches Spülmittel. Es gibt sogar spezielle Outdoor-Spülmittel.

Tipp: Manchmal bleibt richtig viel Essen übrig. Da ist es nützlich, ein Gefäß für die Reste dabeizuhaben.

### Mach nach dem Toilettenbesuch sauber

Manchmal ist ein »Toilettenbesuch« draußen unausweichlich. Geh dafür auf jeden Fall ein Stück vom Weg weg. Uriniere nicht in oder neben einen Wasserlauf, denn das trägt zur Überdüngung von Seen und Meer bei. Für größere Geschäfte kannst du eine Grube graben (dafür ist ein Klappspaten praktisch), die du später mit Steinen und/oder Blättern bedeckst. Klopapier kannst du entweder vergraben, in einer Tüte wieder mitnehmen und später entsorgen oder verbrennen.

### Beachte die Waldbrandgefahr

Campingkocher sind meistens viel sicherer als offenes Feuer, aber wenn ein totales Feuerverbot herrscht, kann das auch Campingkocher einschließen. In den warmen und trockenen Monaten ist es daher ratsam, den Überblick über die gerade geltenden Regeln in »deinen« Waldgebieten zu behalten. Checke immer vorher die Webseite der Stadt oder des Landkreises. In Naturschutzgebieten gibt es oft noch weitere spezielle Regeln – mach dich schlau!

### Nimm deinen Müll wieder mit nach Hause!

Immer, immer, immer!

# Picknick-Challenge

**ICH MÖCHTE DICH** dazu herausfordern, an der Picknick-Challenge teilzunehmen! Dafür habe ich diese Liste zusammengestellt, die für jede Woche des Jahres eine Aufgabe enthält, mit neuen Gerichten, neuen und bekannten Orten. Und vielleicht neuen Personen? Die Challenge ist als Inspiration für dich gedacht. Wenn du möchtest, kannst du deine Abenteuer gern unter #ätautemaningen teilen. Das habe ich auch vor.

**W. 1** Beginne das Picknick-Jahr mit einer Outdoor-Kaffeepause! Nimm eine Thermosflasche Kaffee und ein paar Bananenballen von S. 97 mit. Geh an einen Ort, den du kennst. Vielleicht nimmst du eine*n Freund*in mit?

**W. 2** Heute steht ein Tagesausflug an! Pack den Campingkocher und die Zutaten für die Pasta mit Grünkohl von S. 33 ein. Begib dich in eine Gegend, die du noch nicht kennst oder die du schon immer mal besuchen wolltest.

**W. 3** Bereite das Chiafrutti mit Apfelkompott von S. 81 zu und lade eine*n Freund*in zum Outdoor-Frühstück ein. Deine Begleitung soll den Kaffee mitbringen.

**W. 4** Genieße deine Pause in der Nähe des Arbeitsplatzes, oder wo du gerade bist, draußen an einem schönen Ort mit einem Snack. Stärke dich mit dem No-dough Cookie dough von S. 99 und einer Tasse Kaffee oder Tee. Vielleicht begleitet dich ein*e Kolleg*in?

**W. 5** Entdecke in dieser Woche einen Wander- oder Spazierweg in deiner Nähe. Pack die Ausflugsriegel von S. 89 ein (ein guter Notproviant) und die Zutaten für das One-Pot-Curry von S. 29.

**W. 6** Bereite die Piroggen mit Tandoorifüllung und Minzsauce von S. 55 zu. Begib dich zu einem Gewässer – ein See oder ein Fluss – und genieß deinen Ausflug! Wagst du es, ein winterliches Bad zu nehmen?

**W. 7** Nimm dir auf dem Weg zur Arbeit oder Schule eine kleine Auszeit für ein Outdoor-Frühstück. Nimm einen Thermobehälter mit dem Frühstücksbrei von S. 78 mit – und vergiss den Kaffee nicht! Wenn du zu Hause oder gar nicht arbeitest: Geh trotzdem raus!

**W. 8** Liegt draußen Schnee, ist es kalt? Zeit, den Schlitten oder anderes Winterequipment hervorzuholen! Pack dazu Pizzaschnecken (S. 94) und heiße Schokolade (S. 116) ein. Liegt kein Schnee, machst du einfach einen ganz gewöhnlichen Ausflug.

**W. 9** Verbringe deine Mittagspause draußen mit deiner Brotdose. Dafür eignet sich der Weizensalat mit Knoblauch-Ingwer-Dressing von S. 31.

**W. 10** Suche ein Naturschutzgebiet in deiner Umgebung auf. Nimm den Campingkocher und die Zutaten für die Minestrone von S. 39 mit.

**W. 11** Welchen Ort, an dem du bislang warst, möchtest du noch einmal besuchen? Gehe oder fahre dorthin! Bereite die wärmende Kartoffel-Karotten-Suppe mit weißer Bohnencreme von S. 42 vor, oder koche sie direkt vor Ort.

**W. 12** Mache einen (oder mehrere) schöne Aussichtspunkte ausfindig – entweder in der Stadt oder im Wald, pack die Piroggen mit Pilzfüllung von S. 55 ein und genieße sie dort.

**W. 13** Heute frühstückst du wieder im Freien! Bereite eins der leckeren Brote von S. 83 vor, pack noch Kaffee ein und begib dich an einen schönen Platz, der in deiner Nähe liegt.

**W. 14** Such dir einen schönen Ort und schlaf heute dort – unter freiem Himmel oder im Zelt. Koch abends die Outdoor-Carbonara (S. 67), morgens den Frühstücksbrei (S. 78) und geh dann nach Hause. Wie fühlst du dich nach deinem Abenteuer? Gar nicht so schlecht, oder?

**W. 15** Nimm Badezeug, ein Handtuch und warme Sachen mit und wandere zu einem See, wo du ins Wasser gehen kannst! Wärme dich danach mit Kaffee und den Tahini-Cookies von S. 100 wieder auf.

**W. 16** Besorge dir auf einer Tourismus-Website oder der Website deiner Gemeinde mehr Informationen über deine Umgebung. Finde eine Stelle, an der du noch nie warst, und wandere dorthin. Koch dort die cremige Pasta mit schwarzen Bohnen und Oliven von S. 48.

**W. 17** Zeit für eine Falafel-Feier! Begib dich mit Freund*innen an eine schöne Stelle in der Nähe und bereite dort die Falafeln von S. 24 zu. Alle sollen ihr eigenes Besteck und vielleicht eine Sauce mitbringen – und du machst die würzige Joghurtsauce aus dem Rezept.

**W. 18** Hat dein*e Freund*in einen Lieblingsort, den du noch nicht kennst? Geht gemeinsam dorthin. Überlegt, was ihr essen wollt. Frühstück? Mittagessen? Pausensnack? Abendessen? Kaffee? Ihr könnt alles vorbereiten oder vor Ort kochen.

**W. 19** Gönn dir einen Outdoor-Kaffeeausflug! Packe Pizzateig und Zimtfüllung ein und backe die Zimtschnecken von S. 113 auf dem Campingkocher.

**W. 20** Was sagst du zu einem Outdoor-Taco-Tag? Mach dir die Taco-Quesadillas von S. 68 und genieße die Zeit!

**W. 21** Suche einen See auf, den du zu Fuß umrunden kannst. Als Proviant nimmst du den Kartoffelsalat von S. 61 mit. Ist es warm? Dann probiere den Eistee von S. 120!

**W. 22** Verlege die Kaffeepause nach draußen! Backe den Bananenkuchen von S. 107 und genieße ihn zum Kaffee in einem Naturschutzgebiet.

**W. 23** Möchtest du nach der Arbeit mit deinen Kolleg*innen ausgehen? Wie wäre es zur Abwechslung mal mit einem After Work im Grünen? Trefft euch an einem schönen Ort mit Hamburgerzutaten, Campingkocher und Beilagen im Gepäck (siehe S. 40).

**W. 24** Heute gibt es ein leckeres Brot zu Mittag! Schmier dir eines der Brote von S. 83, pack noch ein gutes Buch ein und genieße deinen selbstgemachten Take-away-Lunch!

**W. 25** Diese Woche mal etwas ganz Einfaches: Nimm den Eiskaffee von S. 119 mit weiteren Zutaten deiner Wahl mit und suche dir einen gemütlichen Platz!

**W. 26** Zeit für ein Pizzafest am See oder am Fluss. Lade ein paar Freund*innen oder Verwandte ein und bereite eine große Menge der Kartoffelpizza von S. 63 vor. Die Gäste können eigene Toppings mitbringen, so habt ihr eine große Auswahl.

**W. 27** Steh heute mal extrafrüh auf und frühstücke draußen! Nimm Kaffee und etwas Leckeres zum Frühstück mit, wie ein Brot (S. 83), Bananenkuchen (S. 107) oder Crêpes (S. 103). Freu dich, draußen zu sein, wenn der Tag erwacht!

**W. 28** Vielleicht kennst du eine Stelle, an der Blaubeeren wachsen? Denn heute backst du den Blaubeerkuchen von S. 109. Wie wäre es anschließend mit einer Outdoor-Kaffeepause mit Blaubeerkuchen?

**W. 29** Heute machen wir einen Abendausflug! Begib dich dorthin, wo du den Abend verbringen möchtest. Pack ein Gericht deiner Wahl ein und mach dazu Popcorn (S. 114). Vielleicht kannst du dort sogar übernachten?

**W. 30** Heute geht's zum Strand! Fahre mit dem Rad zu einem See oder zum Meer und nimm ein Buch oder vielleicht ein Gesellschaftsspiel mit. Außerdem den Nudelsalat mit Paprikapesto (S. 37), Eistee (S. 120) und natürlich Eiscreme im Thermobehälter!

**W. 31** Verbringe den ganzen Tag draußen in der herrlichen Natur! Bereite dafür die Auberginenpasta von S. 70 zu. Ist der Wanderweg lang? Dann nimm auch die Gemüseriegel von S. 87 mit.

**W. 32** Beginne den Tag mit einem Sprung ins Wasser und einem Outdoor-Frühstück. Wie wäre es mit Chiafrutti (S. 81), leckeren Broten (S. 83) oder Bananenkuchen (S. 107)? Wärme dich nach deinem Bad mit einem Kaffee auf.

**W. 33** Lade Familienmitglieder zu einer Wanderung ein. Nehmt Piroggen nach Wahl mit (S. 55) und esst zum Schluss ein Eis aus dem Thermobehälter.

**W. 34** Heute gibt's Fladenbrot – das Rezept findest du auf S. 73. Schreib drei oder mehr schöne Picknickstellen auf Zettel, leg diese in eine Schale und zieh den Gewinner!

**W. 35** Verabrede dich draußen mit jemandem nach der Arbeit/ Schule/Uni – mitten in der Woche. Koche den Spinattopf von S. 74 und serviere zum Nachtisch die Ingwerbirnen von S. 104 mit Eis.

**W. 36** Nimm zum Outdoor-Lunch die Ajvar-Piroggen von S. 55 mit. Finde eine Bank, die gemütlich aussieht!

**W. 37** Geh auf Pilzjagd! Wenn du welche findest, mach daraus die Grünkohlcrêpes von S. 47.

**W. 38** Locke eine*n Freund*in mit hinaus in die Natur: Schlage vor, »auswärts« zu essen – aber ohne zu sagen, dass du damit kein Restaurant meinst. Koche dafür das Risotto von S. 27 und zieht euch etwas Warmes an!

**W. 39** Halte heute wieder nach einem schönen Aussichtspunkt Ausschau! Dort kannst du dann herzhafte Muffins nach Wahl (S. 90) und Ausflugsriegel (S. 89) essen. Vielleicht findest du ja sogar etwas Neues?

**W. 40** Heute steht ein Tagesausflug an! Nimm die Zutaten für die Maisfrikadellen von S. 51 mit, und wenn du einen schönen Platz gefunden hast: Kochen, auftischen und genießen!

**W. 41** Was hältst du von einem kleinen Outdoor-Frühstück? Geh zu einem neuen Picknickplatz und rühre den Brei von S. 78 an (oder nimm ihn fertig mit). Schaffst du es bis zum Sonnenaufgang?

**W. 42** Diese Woche darfst du wählen – zwischen der Tomatensuppe von S. 59 und dem Eintopf von S. 65, zwischen Outdoor-Küche und Thermobehälter. Egal, wie du dich entscheidest: Such dir einen schönen Platz am Meer oder an einem See und lass es dir gutgehen.

**W. 43** Nimm heute jemanden mit, der unbedingt die Pasta mit Grünkohl von S. 33 probieren sollte. Begebt euch in eine Gegend, in der du noch nicht warst, auf die du aber neugierig bist.

**W. 44** Sind gerade Herbstferien? Großartig! Vielleicht kannst du in dieser Zeit gleich mehrere Ausflüge machen? Backe Zimtschnecken auf dem Campingkocher (S. 113) und nimm jemanden mit, mit dem du noch nie ein Picknick gemacht hast.

**W. 45** Auch wenn es nun novembergrau sein sollte: In der Natur zu sein tut uns oft sehr gut! Nimm das Dal von S. 35 in einem Thermobehälter mit und verbringe deine Mittagspause draußen.

**W. 46** Keep it simple! Schnapp dir Bananenballen (S. 97) und Kaffee, finde einen schönen Baumstumpf oder Felsbrocken und setz dich dort eine Weile hin.

**W. 47** Versammle deine Familie am ersten Advent zu einem Outdoor-Adventskaffee! Backe Johannas unglaublichen Safrankuchen von S. 110. Wenn ihr einen gemütlichen Platz zum Feuermachen findet, zündet ein Adventsfeuer an.

**W. 48** Pack den Burrito von S. 44 für einen einfachen Lunch ein. Wähle einen Platz mit schöner Aussicht und genieße deinen Burrito, während du den Blick schweifen lässt.

**W. 49** Verbringe deine Lunch- oder Kaffeepause mit Crêpes im Freien! Wähle zwischen Grünkohl- (S. 47) und Apfelcrêpes (S. 103), oder nimm einfach beide!

**W. 50** Veranstalte draußen ein Restefest! Nimm als Ausgangspunkt den Alles-was-da-ist-Eintopf von S. 52 und mache mit Freund*innen einen Ausflug in den Wald. Habt eine tolle Zeit!

**W. 51** Genieße beim Outdoor-Frühstück das Safran-Chiafrutti von S. 81 und lade dazu eine Person ein, die du magst. Geht an eine Stelle in der Nähe deines Wohnortes.

**W. 52** Beende das Jahr gemeinsam mit einer Person, die du gern hast, und mit dem Gericht, das dir am besten geschmeckt hat. Vielleicht stoßt ihr mit einem Becher Sekt an? Was hältst du von einem weiteren Outdoorjahr?

# Hauptgerichte

Die Rezepte in diesem Buch eignen sich zum Zubereiten im Freien auf dem Campingkocher oder zum Vorbereiten zu Hause, sodass du sie in einer Brotdose oder einem Thermobehälter mitnehmen kannst. Auf jeder Rezeptseite sind unten Symbole, die dir zeigen, wofür sich dieses Gericht am besten eignet, sowie Tipps für deine Zubereitung zu Hause. Eine kleine Packliste erinnert dich daran, was du mitnehmen solltest. Vergiss auch das Rezept selbst nicht – du kannst es einfach abfotografieren!

Alle Rezepte sind klimaneutral*; sie stoßen höchstens 0,5 kg $CO_2$-Äquivalente pro Portion aus, was gemäß WWF-Empfehlungen im Klimabudget des Planeten liegt.

* Zur Berechnung habe ich das Tool CarbonAte angewendet, das die forschungsbasierte Firma CarbonCloud entwickelt hat.

# Falafeln mit würziger Joghurtsauce

4 Portionen • 20 Min. (+ 12 Std. Einweichen) • lacto-vegetarisch • 0,2 kg $CO_2$/Portion

**In der freien Natur gibt es leider keine Falafelbuden. Aber weißt du, wie toll es ist, Falafelteig selbst zu machen, den Kocher aufzustellen und die Falafeln selbst zu braten? Ich denke, es ist an der Zeit, das mal auszuprobieren!**

**Falafeln**

*250 g getrocknete gelbe Erbsen*
*1 Zwiebel, abgezogen*
*2 Knoblauchzehen, abgezogen*
*1 Würfel Gemüsebrühe*
*1–2 EL warmes Wasser*
*7 g TK-Petersilie*
*Salz, Pfeffer*
*1 TL geräuchertes Paprikapulver*
*½ TL Paprikapulver*
*1 TL gemahlener Kreuzkümmel*
*½ TL Sambal Oelek*
*2 EL Erdnussbutter oder Tahini*
*Öl zum Braten*

**Würzige Joghurtsauce**

*2 Knoblauchzehen, abgezogen*
*1 EL Tomatenmark*
*½ TL Sambal Oelek*
*200 ml Joghurt*
*Salz, Pfeffer*

*Brot, z.B. Fladenbrot, Tortilla, Pitabrot*
*Salat und Gemüse nach Wahl*

**ZU HAUSE** Die Erbsen mindestens 12 Stunden einweichen.

Zwiebel und Knoblauch grob hacken. Den Brühwürfel im warmen Wasser auflösen.

Das Erbsenwasser abgießen, die Erbsen zusammen mit Zwiebel, Knoblauch, Brühe, Petersilie, Gewürzen, Sambal Oelek und Erdnussbutter oder Tahini in einem Standmixer oder mit dem Stabmixer zu einer glatten Paste pürieren. In einen geeigneten Behälter füllen.

Für die Sauce den Knoblauch reiben und mit den anderen Zutaten in den Joghurt rühren. Mit Salz und Pfeffer abschmecken. In einen geeigneten Behälter füllen, eventuell in einen Thermobehälter, wenn die Sauce kalt bleiben soll.

**DRAUSSEN** Den Campingkocher anzünden und die Pfanne daraufstellen. Öl darin erhitzen, je 1 Esslöffel Falafelteig zu einer Frikadelle formen und goldbraun braten.

Mit Brot, Beilagen und Sauce servieren.

**Lieber vegan?** Den Joghurt in der Sauce durch eine pflanzliche Alternative ersetzen.

**Zu Hause vorbereiten**
- Falafelteig und Sauce
- Gemüse und Salat schnippeln

**Einpacken**
- Essen, Beilagen, Öl, ggf. weitere Zutaten
- Pfannenwender, Pfanne
- Campingkocher inkl. Brennstoff und Feuerzeug

# Risotto mit Pilzen und Grünkohl

4 Portionen • 30 Min. • lacto-vegetarisch • 0,5 kg $CO_2$/Portion

**Risotto ist ein Gericht, das als unkompliziert gilt. Und Risotto in der Natur? Ja, das ist Luxus im Quadrat! Hast du Weißwein dabei, dann nutze die Gelegenheit und gieße etwas davon dazu.**

*100 g Champignons (alternativ selbst gepflückte Pfifferlinge)*
*200 g Grünkohl*
*1 Zwiebel, abgezogen*
*1 Knoblauchzehe, abgezogen*
*Öl zum Braten*
*1 l Wasser*
*1 Würfel Gemüsebrühe*
*100 ml Weißwein*
*350 g Rundkornreis*
*50–100 g geriebener Käse*
*Salz, schwarzer Pfeffer*

**DRAUSSEN** Die Pilze putzen und in dünne Scheiben schneiden. Den Grünkohl in kleine Stücke hacken (auch die Blattrippen), Zwiebel und Knoblauch fein hacken.

Den Campingkocher anzünden und die Pfanne daraufstellen. Das Öl darin erhitzen, Pilze und Grünkohl weich dünsten. Beiseitestellen.

Das Wasser in den Kochtopf gießen, den Brühwürfel hineingeben und aufkochen lassen. Umfüllen und beiseitestellen. Den Wein, falls verwendet, in die Brühe gießen. Etwas Öl im Topf erhitzen und Zwiebel und Knoblauch darin weich dünsten. Den Reis zugeben und 2 Minuten unter Rühren braten. Nach und nach die Brühe zugießen – jedes Mal etwa 100 Milliliter – und zwischendurch immer mit der Schöpfkelle umrühren, bis die ganze Brühe aufgesogen ist.

Zum Schluss den Käse einrühren. Das Risotto auf die Teller verteilen, Pilze und Grünkohl daraufgeben und alles mit Salz und Pfeffer abschmecken.

**Zu Hause vorbereiten**
- Käse reiben (oder eine Reibe mitnehmen und das vor Ort machen)

**Einpacken**
- Essen, Beilagen, Öl
- Schneidebrett, scharfes Messer, Schöpfkelle, Kochlöffel
- Pfanne, Topf
- Campingkocher inkl. Brennstoff und Feuerzeug
- Essgeschirr, am besten tiefe Teller; Besteck

# Rotes One-Pot-Curry

4 Portionen • 20 Min. • vegan • 0,2 $CO_2$/Portion

**One-Pot-Gerichte sind perfekt für den Campingkocher: Man gibt alles in den Topf, und lässt es einfach kochen. Und einer der Gründe, warum das Essen im Freien so gemütlich ist, ist, dass man das Gemüse meist schon vorher zu Hause geschnippelt hat – muss man aber nicht! Ist alles im Topf, lauscht man nur noch dem Brodeln und Summen des Campingkochers.**

*1 rote Zwiebel, abgezogen*
*2 Knoblauchzehen, abgezogen*
*½ rote Chilischote*
*½ Zucchini*
*Öl zum Braten*
*2 TL rote Currypaste*
*1 EL frisch geriebener Ingwer*
*1 Dose Kokosmilch (400 g)*
*400–500 ml Wasser*
*1 Würfel Gemüsebrühe*
*250 g Nudeln nach Wahl*
*abgeriebene Schale und Saft von 1 Limette*
*1 EL gehackter Koriander*
*520 g gekochte Kichererbsen (210 g getrocknete, alternativ 2 Dosen)*

**DRAUSSEN** Die Zwiebel in dünne Scheiben schneiden. Knoblauch und Chili fein hacken. Die Zucchini in Scheiben schneiden.

Den Campingkocher anzünden und den großen Topf daraufstellen. Öl erhitzen und Currypaste und Ingwer einige Minuten darin anbraten. Zwiebel, Knoblauch, Chili und Zucchini zugeben und alles kurz mitdünsten, bis das Gemüse anfängt, weich zu werden.

Kokosmilch, Wasser und Brühwürfel zufügen und alles zum Kochen bringen. Die Nudeln hineingeben und alles 5–10 Minuten kochen lassen, dabei eine Pfanne als Deckel auflegen und ab und zu umrühren, damit nichts anbrennt.

Zum Schluss Limettenschale und -saft, Koriander und Kichererbsen hinzugeben und warm werden lassen. Mit etwas mehr Wasser verdünnen, falls nötig.

**Einpacken**

- Essen, Beilagen, Öl, ggf. weitere Zutaten
- Schneidebrett, scharfes Messer, Pfannenwender, Schöpfkelle, Reibe
- großen Topf, Pfanne
- Campingkocher inkl. Brennstoff und Feuerzeug
- Essgeschirr, am besten tiefe Teller; Besteck

# Weizensalat mit Knoblauch-Ingwer-Dressing

4 Portionen • 25 Min. • vegan • 0,1 kg $CO_2$/Portion

**Wenn ich einen schlechten Tag habe, weiß ich genau, was meine Stimmung aufhellen kann: dieses Dressing! Und noch besser wird die Stimmung, wenn ich es zusammen mit den Salatzutaten in eine Lunchbox packe und das Ganze draußen an einem schönen Ort verzehre. Lebensqualität in einer Brotdose.**

*250 g Weizenkörner*
*2 Karotten*
*2 vorgegarte rote Beten*
*150 g Grünkohl*
*400 g gekochte weiße Bohnen (gut 200 g getrocknete, alternativ 2 Dosen)*
*40 g Sesamsaat*

**Knoblauch-Ingwer-Dressing**
*½ rote Chilischote*
*2 Knoblauchzehen, abgezogen*
*2 EL frisch geriebener Ingwer*
*2 EL Raps- oder Olivenöl*
*1 EL Wasser*
*2 EL Sojasauce*

**ZU HAUSE** Die Weizenkörner gemäß Packungsangabe garen und abgießen.

Karotten und rote Beten schälen und reiben. Den Grünkohl abspülen und grob hacken.

Für das Dressing die Chili hacken, den Knoblauch reiben. Mit dem geriebenen Ingwer mischen und mit Öl, Wasser und Sojasauce verrühren.

Den Grünkohl ein paar Minuten mit dem Dressing verkneten. Danach die geriebenen Karotten und Beten sowie die gekochten Bohnen unterrühren.

Die Weizenkörner in den Salat geben. Zum Schluss die Sesamkörner einrühren. Für einen extra nussigen Geschmack kannst du diese vorher ohne Öl in einer Pfanne goldbraun anrösten.

**Tipp!** Dieses Dressing passt zu so vielen Speisen! Probiere es mal zu frisch gekochten grünen Bohnen oder Rosenkohl oder zu frisch zubereitetem Wokgemüse.

**Einpacken**
- Lunchbox mit Salat
- Besteck

# Pasta mit Grünkohl

4 Portionen • 30 Min. • lacto-vegetarisch • 0,4 kg $CO_2$/Portion

**Pasta mit Grünkohl ist eins meiner absoluten Lieblingsgerichte. Es ist zwar schon in meinem ersten Buch enthalten, aber ich wollte es unbedingt auch hier dabeihaben. Auch draußen ist es zu einem echten Favoriten geworden, der mich bei vielen Ausflügen in allen Jahreszeiten gesättigt hat.**

*Pasta für 4 Portionen*
*etwas Salz und Wasser, um die Pasta darin zu kochen*

*2 Knoblauchzehen, abgezogen*
*250 g Grünkohl*
*Öl zum Braten*
*50–100 g aromatischer Käse, gerieben*
*Salz, schwarzer Pfeffer*

**Sauce**
*100 g Walnüsse oder Sonnenblumenkerne*
*200 ml Pflanzendrink*

**ZU HAUSE** Walnüsse oder Sonnenblumenkerne in einer heißen Pfanne ohne Öl rösten, bis sie etwas Farbe annehmen. Mit dem Pflanzendrink in einem Standmixer zu einer glatten Sauce mixen. In eine Flasche geben und verschließen.

Den Käse reiben und in ein verschließbares Gefäß geben.

**DRAUSSEN** Den Campingkocher anzünden und einen der Töpfe daraufstellen. Die Pasta gemäß Packungsangabe in kochendem Salzwasser garen.

Während die Nudeln kochen, den Knoblauch fein hacken und den Grünkohl in Streifen schneiden. Die Blattrippen kannst du entweder für Pesto oder für den Wok weiterverwenden, oder du hackst sie sehr fein, dann können sie mit in die Sauce.

Wenn die Pasta fertig ist, das Wasser abgießen. Mit Deckel beiseitestellen, damit sie warm bleibt.

Den anderen Kochtopf auf den Kocher stellen, etwas Öl darin erhitzen und Grünkohl und Knoblauch darin anbraten. Die Sauce einrühren und alles einige Minuten bei schwacher Hitze köcheln lassen. Den Käse hinzugeben und schmelzen lassen. Mit Salz und Pfeffer abschmecken und zur Pasta servieren.

**Lieber vegan?** Nimm veganen Käse.

**Zu Hause vorbereiten**
- Sauce
- Käse reiben

**Einpacken**
- Essen, Beilagen, Öl, ggf. weitere Zutaten. Das Nudelwasser nicht vergessen!
- scharfes Messer, Schneidebrett, Pfannenwender, Schöpfkelle
- 2 Töpfe
- Campingkocher inkl. Brennstoff und Feuerzeug
- Essgeschirr, am besten tiefe Teller; Besteck

# Dal für raue Tage

4 Portionen • 40 Min. • vegan • 0,2 kg $CO_2$/Portion

**Ein wärmendes Dal an einem Herbsttag ist Balsam für die Seele. Solche Gerichte sind das Beste, was ich kenne, wenn es draußen ein bisschen ungemütlich ist. Man kann das Dal natürlich auf dem Campingkocher zubereiten, aber wenn ich keine Zeit habe, benutze ich gerne meinen Thermobehälter. Ein perfekter Lunch für einen Arbeitstag, an dem man das Bedürfnis hat, mitten am Tag dem einen, hoffnungsvollen Sonnenstrahl nachzujagen.**

*1 Zwiebel, abgezogen*
*3 Knoblauchzehen, abgezogen*
*1 rote Chilischote*
*2 TL Garam Masala*
*1 TL gemahlene Kurkuma*
*2 EL frisch geriebener Ingwer*
*Öl zum Braten*
*250 g getrocknete grüne Linsen*
*1 Dose stückige Tomaten (400 g)*
*1 Dose Kokosmilch (400 g)*
*200 g TK-Blattspinat*
*1 EL gehackter Koriander*
*Salz*

*Haferreis oder Graupen nach Wahl für 4 Portionen*

**ZU HAUSE** Zwiebel und Knoblauch fein hacken, die Chili entkernen und hacken. In einem Topf zusammen mit Garam Masala, Kurkuma und Ingwer in etwas Öl andünsten, bis die Zwiebel weich wird.

Die Linsen abspülen und in den Topf geben, umrühren. Tomaten und Kokosmilch zugeben, alles aufkochen lassen und zugedeckt bei schwacher Hitze etwa 25–30 Minuten köcheln lassen, bis die Linsen fertig sind.

Unterdessen den Haferreis gemäß Packungsangabe kochen.

Kurz bevor die Linsen gar sind, Spinat und Koriander zugeben und warm werden lassen. Nach Geschmack salzen.

Reis und Dal in separate Thermobehälter geben – wenn du willst, kannst du natürlich auch alles in einem Behälter zusammenmischen.

**Einpacken**

- Thermobehälter mit Dal und Reis
- Essgeschirr, Löffel

# Nudelsalat mit Paprikapesto

4 Portionen • 20 Min. • vegan • 0,4 kg $CO_2$/Portion

**Ein Nudelsalat ist das Mitnehmgericht schlechthin. Er ist sowohl einfach als auch lecker, und dieser hier ist einer meiner persönlichen Lieblingsnudelsalate. Ich mache ihn am liebsten mit gebratenen Pilzen, aber er lässt sich natürlich unendlich variieren.**

**Paprikapesto**
*2 Knoblauchzehen, abgezogen*
*2 eingelegte gegrillte Paprika*
*Öl zum Braten*
*2 EL Raps- oder Olivenöl*
*½ TL Sambal Oelek*
*150 g Sonnenblumenkerne*

*Nudeln für 4 Portionen*
*200 g Champignons*
*1 EL Sojasauce*

**ZU HAUSE** Zuerst die Nudeln gemäß Packungsangabe kochen.

Den Knoblauch fein hacken, die Paprika in Stücke schneiden. Beides bei mittlerer Hitze einige Minuten in Öl andünsten. Danach zusammen mit Raps- oder Olivenöl und Sambal Oelek in einem Standmixer oder mit dem Stabmixer glatt pürieren.

Eine Pfanne erhitzen und die Sonnenblumenkerne darin ohne Öl goldbraun rösten. Grob hacken und unter das Paprikapesto rühren.

Die Champignons in Scheiben schneiden und einige Minuten bei mittlerer Hitze in etwas Öl und Sojasauce anbraten. Die fertigen Nudeln mit der Sauce und den Champignons vermengen.

**Tipp!** Dieser Nudelsalat schmeckt warm und kalt. Willst du ihn warm genießen, fülle ihn in einen Thermobehälter.

**Einpacken**
- Nudelsalat
- Essgeschirr, Besteck

# Minestrone mit roten Linsen

4 Portionen • 30 Min. • lacto-vegetarisch • 0,2 kg $CO_2$/Portion

**Damals in der Schule war Minestrone das typische Mittagsgericht in der Kantine, aber es wurde nie zu meinem Leibgericht. Heute, 25 Jahre später, habe ich mich an einer vegetarischen Variante versucht, und die ist wirklich lecker! Und ein perfektes Outdoor-Essen.**

*1 Zwiebel, abgezogen*
*2 Knoblauchzehen, abgezogen*
*2 Karotten, geschält*
*½ Zucchini*
*Öl zum Braten*
*1 EL getrocknete Kräuter, z.B. Thymian*
*1 Msp. Sambal Oelek oder Chilipulver*
*1 Lorbeerblatt*
*2 Würfel Gemüsebrühe*
*1–1½ l Wasser*
*1 Dose stückige Tomaten (400 g)*
*100 g Pasta, Sorte nach Wahl*
*150 g getrocknete rote Linsen*
*Salz, schwarzer Pfeffer*

**Knoblauchsauce**

*200 ml Joghurt*
*1 Knoblauchzehe, abgezogen*
*Salz, Pfeffer*

**ZU HAUSE** Für die Sauce den Knoblauch reiben und mit dem Joghurt verrühren, nach Geschmack salzen und pfeffern.

Zwiebel und Knoblauch fein hacken. Karotten und Zucchini in kleine Würfel schneiden.

**DRAUSSEN** Den Campingkocher anzünden. Im großen Topf etwas Öl erhitzen, Zwiebel, Knoblauch, Karotten und Zucchini darin bei mittlerer Hitze etwa 5 Minuten weich dünsten.

Gewürze, Brühwürfel, Wasser und Tomaten zugeben. Das Ganze zum Kochen bringen, danach Pasta und Linsen hinzufügen. So lange kochen lassen, bis beides gar ist – je nach Pastasorte ca. 10–15 Minuten. Abdecken. Mit Salz und schwarzem Pfeffer abschmecken.

**Lieber vegan?** Verwende für die Knoblauchsauce pflanzlichen Joghurt oder pflanzliche Crème fraîche.

**Zu Hause vorbereiten**

- Knoblauchsauce
- Gemüse schneiden

**Einpacken**

- Essen, Beilagen, Öl, ggf. weitere Zutaten
- Pfannenwender, Schöpfkelle
- großen Topf mit Deckel
- Campingkocher inkl. Brennstoff und Feuerzeug
- Essgeschirr, am besten tiefe Teller oder Trinkgefäße; Löffel

# After-Work-Waldburger

4 Portionen • 40 Min. • lacto-vegetarisch • 0,4 kg $CO_2$/Portion

**Nach der Arbeit essen zu gehen, kann richtig teuer werden. Ein selbstgemachter After-Work-Burger ist dagegen sowohl günstig als auch üppig. Nimm dazu ein paar Chips oder Popcorn (siehe S. 114) und leckere Kaltgetränke mit, und schon ist es wie im Restaurant! Bloß dass du draußen in der Natur bist!**

**Bohnenpattys**

*150 g Sonnenblumenkerne*
*1 Zwiebel, abgezogen*
*1 Knoblauchzehe, abgezogen*
*250 g gekochte schwarze Bohnen (gut 80 g getrocknete, alternativ 1 Dose)*
*50 g Semmelbrösel*
*100 g Käse, gerieben*
*Öl zum Braten*

**Außerdem**

*½ Aubergine*
*Salatblätter*
*100 g Ajvar*
*4 Burgerbrötchen*

**ZU HAUSE** Für die Burgerpattys die Sonnenblumenkerne im Standmixer fein zermahlen. Zwiebel und Knoblauch reiben und die Flüssigkeit ausdrücken. Mit Sonnenblumenkernen, Bohnen, Semmelbröseln und Käse vermengen. Mit den Händen gründlich zu einer gleichmäßigen Masse verkneten, wobei die Bohnen zerdrückt werden sollen. Ist die Masse zu feucht, etwas mehr Semmelbrösel zugeben, ist sie zu trocken, etwas Wasser. Den Teig zu vier Pattys formen, diese in eine Lunchbox legen.

**DRAUSSEN** Die Aubergine in dünne Scheiben schneiden, diese auf beiden Seiten mit etwas Öl einpinseln.

Den Campingkocher anzünden und die Pfanne daraufstellen. Die Auberginenscheiben darin auf beiden Seiten anbraten. Wenn sie das Öl aufgesogen haben, kannst du noch etwas mehr in die Pfanne geben, damit nichts anbrennt. Die Auberginen herausnehmen und auf das Schneidebrett legen.

Noch etwas Öl in der Pfanne erhitzen, darin die Burgerpattys bei mittlerer Hitze auf jeder Seite einige Minuten braten.

Die Burgerbrötchen jeweils mit einem Patty, Salatblättern und einer Auberginenscheibe belegen, etwas Ajvar daraufgeben.

**Lieber vegan?** Verwende anstelle des Käses veganen Käse oder Hefeflocken. Falls du Hefeflocken nimmst, gib noch 1 Esslöffel Öl an die Pattymasse.

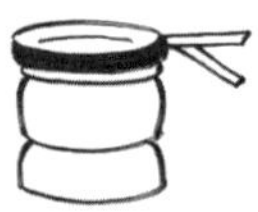

**Zu Hause vorbereiten**

- Bohnenpattys

**Einpacken**

- Essen, Beilagen, Öl
- Pfanne
- Campingkocher inkl. Brennstoff und Feuerzeug
- Schneidebrett, scharfes Messer, Pfannenwender, Löffel
- evtl. kalte Getränke
- evtl. Popcorn oder Chips

# Wärmende Kartoffel-Karotten-Suppe mit weißer Bohnencreme

4 Portionen • 30 Min. • vegan • 0,1 kg $CO_2$/Portion

**Eine köstliche und günstige Suppe an einem grauen Herbsttag ist doch etwas absolut Wunderbares!**

*2 Zwiebeln, abgezogen*
*½ kg Kartoffeln*
*4 Karotten*
*Öl zum Braten*
*2 Würfel Gemüsebrühe*
*½ TL Sambal Oelek*
*1 EL getrocknete Kräuter nach Wahl, z.B. Thymian, Basilikum, Majoran, Oregano*
*1 l Wasser*
*200 g pflanzliche Sahne*

**Bohnencreme**

*250 g gekochte große weiße Bohnen (gut 80 g getrocknete, alternativ 1 Dose)*
*1 EL Raps- oder Olivenöl*
*Saft von ½ Zitrone*
*2 TL getrocknete Kräuter nach Wahl, z.B. Thymian, Basilikum, Majoran, Oregano*
*1 Msp. Salz*

**Zum Servieren**

*Brot/Knäckebrot*

**ZU HAUSE** Für die Bohnencreme die weißen Bohnen mit einer Gabel zerdrücken oder im Standmixer mixen. Öl, Zitronensaft, Kräuter und Salz einrühren, für eine flüssigere Creme etwas Wasser zugeben. In einem fest schließenden Gefäß kühl stellen.

**DRAUSSEN** Die Zwiebeln fein hacken, Kartoffeln und Karotten schälen und in Stücke schneiden.

Den Campingkocher anzünden und den großen Kochtopf daraufstellen. Zwiebeln, Kartoffeln und Karotten in etwas Öl einige Minuten andünsten. Brühwürfel, Sambal Oelek, Kräuter und Wasser zugeben. Die Suppe abgedeckt etwa 20 Minuten köcheln lassen, bis Kartoffeln und Karotten gar sind. Ganz zum Schluss die Sahne zugeben und die Suppe noch einmal erwärmen.

Mit Brot und Bohnencreme servieren.

**Tipp!** Du hast keine Zeit, die Bohnencreme zu machen? Dann rühre die Bohnen kurz vor Ende der Garzeit in die Suppe. Schmeckt auch superlecker!

**Zu Hause vorbereiten**
- Bohnencreme

**Einpacken**
- Essen, Beilagen, Öl, ggf. weitere Zutaten
- scharfes Messer, Schneidebrett, Pfannenwender, Schöpfkelle
- großen Topf
- Campingkocher inkl. Brennstoff und Feuerzeug
- Essgeschirr, am besten tiefe Teller oder Trinkgefäße; Löffel

# Burrito mit schwarzen Bohnen und Erbsenguacamole

4 Stück • 60 Min. • vegan • 0,2 kg $CO_2$/Portion

**Burritos sind ein perfektes Mitnehmgericht. Gefüllt mit leckeren Köstlichkeiten sind sie außerdem eine Luxus-Outdoor-Speise! Burritos schmecken sowohl kalt als auch lauwarm.**

*4 Portionen Getreide, z.B. Weizenkörner, Perlgraupen, Haferreis oder Reis*

**Cremige Bohnen**

*500 g gekochte schwarze Bohnen (gut 210 g getrocknete, alternativ 2 Dosen)*
*100 ml Wasser*
*1 Lorbeerblatt*
*2 TL gemahlener Kreuzkümmel*
*2 TL Paprikapulver*
*1 Würfel Gemüsebrühe*
*½ TL Sambal Oelek*

**Erbsenguacamole**

*125 g grüne TK-Erbsen*
*1 Knoblauchzehe, abgezogen*
*35 g Sonnenblumenkerne*
*1 Msp. Sambal Oelek*
*2 EL Raps- oder Olivenöl*
*Saft von ½ Zitrone*

**Marinierte rote Zwiebel**

*1 rote Zwiebel, abgezogen*
*2 EL Zitronensaft*

**Tortillafladen**

*siehe S. 51*

**ZU HAUSE** Das Getreide gemäß Packungsangabe kochen.

Für die Bohnen alle Zutaten in einem Topf verrühren und zum Kochen bringen. 10–15 Minuten bei schwacher Hitze köcheln lassen, bis ein Teil der Flüssigkeit verdampft ist und die Bohnen püreeartiger werden. Beiseitestellen.

Für die Guacamole die Erbsen auftauen und zusammen mit Knoblauch, Sonnenblumenkernen, Sambal Oelek und Öl im Standmixer oder mit dem Stabmixer zu einer Creme pürieren. Den Zitronensaft zugeben, durchrühren und beiseitestellen.

Die rote Zwiebel in feine Ringe schneiden, mit dem Zitronensaft vermengen. Beiseitestellen.

Die Tortillafladen gemäß der Anleitung auf S. 51 zubereiten. Bis zur Zusammenstellung der Burritos unter ein Küchenhandtuch legen, damit sie weich bleiben.

Die Bohnen mit Erbsenguacamole, Getreide und Zwiebelringen in die Tortillafladen einrollen. Die fertigen Burritos in Butterbrotpapier wickeln und mit einer Schnur fixieren.

**Tipp!** Schneller geht es mit fertig gekauften Tortillafladen.

**Einpacken**
- Burritos

# Grünkohlcrêpes

8 Stück • ca. 40 Min. • lacto-ovo-vegetarisch • 0,2 kg $CO_2$/Crêpe

**Crêpes sind mit die besten Outdoor-Gerichte. Den Teig kann man super zu Hause anrühren und in einem Thermobehälter oder einer Flasche transportieren; draußen musst du die Pfannkuchen samt Füllung dann nur noch braten. Tipp: Nimm auch gleich eine leckere Nachtischfüllung mit (siehe S. 103), dann kannst du sowohl herzhafte als auch süße Crêpes zubereiten!**

**Crêpeteig**
*140 g Buchweizenmehl*
*400 ml Pflanzendrink*
*1 Prise Salz*
*3 Eier*
*Öl zum Braten*

**Grünkohlfüllung**
*100 g Grünkohlblätter, Strünke und Blattrippen entfernt*
*100 g Champignons oder andere Pilze*
*2 Knoblauchzehen, abgezogen*
*Öl zum Braten*
*1–2 TL Sojasauce*
*1–2 EL pflanzliche Sahne*
*Salz, Pfeffer*
*100 g Käse, gerieben*

**ZU HAUSE** Für den Teig Buchweizenmehl, Pflanzendrink und Salz in einer Schüssel verrühren. Die Eier zugeben und glatt rühren. In einen Thermobehälter oder eine Trinkflasche umfüllen und kühl stellen, bis du das Haus verlässt.

**DRAUSSEN** Grünkohlblätter und Pilze grob hacken, den Knoblauch fein hacken.

Den Campingkocher anzünden, einen Topf daraufstellen. Etwas Öl im Topf erhitzen und Grünkohl, Pilze und Knoblauch darin bei mittlerer Hitze weich dünsten. Sojasauce und Sahne einrühren, mit Salz und Pfeffer abschmecken. Beiseitestellen.

Die Crêpes bei mittlerer Hitze in der Pfanne in Öl braten. Die Füllung jeweils daraufgeben, wenn der Crêpe noch in der Pfanne liegt, mit etwas Käse bestreuen und zusammenfalten (sobald der Käse leicht angeschmolzen ist). Sofort servieren.

**Lieber Vegan?** Nimm statt der Eier 600 ml Pflanzendrink und 280 g Buchweizenmehl.

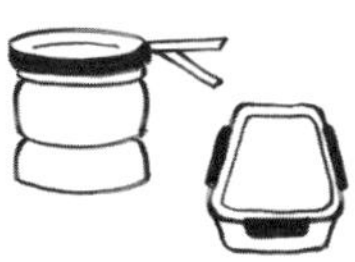

**Zu Hause vorbereiten**
- Crêpesteig
- Käse reiben

**Einpacken**
- Essen, Beilagen, Öl, ggf. weitere Zutaten
- Topf und Pfanne
- Campingkocher inkl. Brennstoff und Feuerzeug
- Schneidebrett, scharfes Messer, Pfannenwender
- Essgeschirr, Besteck

# Cremige Pasta mit schwarzen Bohnen und Oliven

4 Portionen • 30 Min. • lacto-vegetarisch • 0,5 kg $CO_2$/Portion

**Es heißt ja, dass draußen alles besser schmeckt. Da kann man sich ja ausrechnen, dass ein Gericht, das drinnen schon sehr lecker ist, draußen einfach fantastisch schmeckt! Das gilt auch für dieses cremige und saftige Pastagericht!**

*Pasta für 4 Portionen*
*etwas Salz und Wasser, um die Pasta darin zu kochen*

*3 Knoblauchzehen, abgezogen*
*200 g TK-Brokkoli*
*80 g grüne oder schwarze entkernte Oliven*
*2 TL getrockneter Oregano*
*1 TL schwarzer Pfeffer*
*200 ml Crème fraîche*
*100 ml Wasser*
*520 g gekochte schwarze Bohnen (gut 210 g getrocknete, alternativ 2 Dosen)*

**Topping**
*75 g Feta*

**DRAUSSEN** Den Campingkocher anzünden und den größeren Topf daraufstellen. Die Pasta darin gemäß Packungsangabe kochen.

In der Zwischenzeit den Knoblauch fein hacken, den Brokkoli in kleinere Stücke schneiden und die Oliven grob hacken.

Wenn die Pasta gar ist, das Wasser abgießen und die Pasta mit aufgelegtem Deckel (damit sie nicht abkühlt) beiseitestellen.

Im kleineren Topf etwas Öl erhitzen, den Knoblauch darin mit dem Oregano weich dünsten. Brokkoli, Oliven und Pfeffer hinzufügen und ein paar Minuten weiterdünsten. Crème fraîche, Wasser und Bohnen einrühren. Einige Minuten köcheln lassen, bis die Bohnen warm sind.

Mit der Pasta servieren und mit dem zerbröselten Feta bestreuen.

**Lieber vegan?** Nimm pflanzlichen Käse und pflanzliche Crème fraîche.

**Einpacken**

- Essen, Beilagen, Öl, ggf. weitere Zutaten, und das Nudelwasser nicht vergessen!
- scharfes Messer, Schneidebrett, Schöpfkelle
- großen und kleinen Topf
- Campingkocher inkl. Brennstoff und Feuerzeug
- tiefe Teller, Besteck

# Maisfrikadellen mit Krautsalat und Tortillafladen

4 Portionen • 45 Min. • lacto-vegetarisch • 0,3 kg $CO_2$/Portion

**Hier hast du ein Gericht, das alle notorischen Stubenhocker*innen dazu bringen wird, sofort in den Wald rennen zu wollen, um dort ihr Essen zu braten!**

**Maisfrikadellen**

*250 g gekochte weiße Bohnen (gut 80 g getrocknete, alternativ 1 Dose)*
*200 g TK-Mais*
*2 EL eingelegte Jalapeños*
*50 g Käse, gerieben*
*50 g Semmelbrösel*
*Öl zum Braten*

**Krautsalat**

*1 Apfel*
*2 Karotten*
*200 g Rotkohl*
*1 TL Dijonsenf*
*50 ml Creme fraîche*
*Salz, Pfeffer*

**Tortillafladen**

*240 g Weizenmehl*
*½ TL Backpulver*
*½ TL Salz*
*100 ml Wasser*
*½ EL Raps- oder Olivenöl*

**ZU HAUSE** Für den Krautsalat Apfel und Karotten grob reiben, den Rotkohl fein reiben oder in dünne Streifen schneiden. Den Dijonsenf mit der Crème fraîche verrühren, salzen und pfeffern. Gemüse untermengen. In eine Lunchbox geben.

Für den Frikadellenteig die gekochten weißen Bohnen zusammen mit der Hälfte vom Mais zu Mus zerdrücken oder mixen. Die Jalapeños grob hacken, mit Bohnenmus, restlichem Mais und der Hälfte der Semmelbrösel zu einem Teig vermengen. Den Teig in einen verschließbaren Behälter geben, die restlichen Semmelbrösel separat mitnehmen.

Für den Tortillateig die trockenen Zutaten mischen und in eine verschließbare Plastiktüte geben.

**DRAUSSEN** Wasser und Öl zu den trockenen Tortillazutaten in die Tüte gießen und die Mischung von außen durchkneten. Den Teig in 4–6 Portionen teilen und diese zu runden, flachen Fladen ausrollen.

Den Campingkocher anzünden und die Pfanne daraufstellen. Die Fladen rasch bei starker Hitze in der trockenen Pfanne backen und unter ein Handtuch legen, um sie warm und weich zu halten.

Die restlichen Semmelbrösel in einen Topf geben. Aus dem Frikadellenteig acht Maisfrikadellen formen und in den Semmelbröseln wälzen. Die Frikadellen in Öl in der Pfanne braten, bis sie auf beiden Seiten Farbe annehmen. Mit Tortillafladen und Krautsalat servieren.

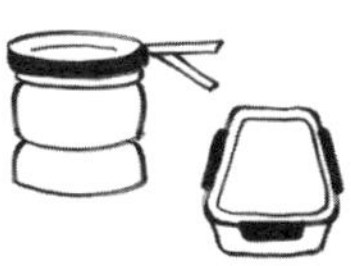

**Einpacken**

- Essen, Beilagen, Öl, ggf. weitere Zutaten
- etwas zum Ausrollen, z.B. eine Wasserflasche; Schneidebrett als Arbeitsfläche; Küchenhandtuch, Pfannenwender
- Pfanne
- Campingkocher inkl. Brennstoff und Feuerzeug
- evtl. Essgeschirr, Besteck (ist aber auch gut aus der Hand zu essen)

# Alles-was-da-ist-Eintopf

4 Portionen • 40 Min. • lacto-vegetarisch • 0,4 kg $CO_2$/Portion

**Als ich dieses Gericht zum ersten Mal gekocht habe, war es wirklich ein »Ich-nehme-was-da-ist«-Eintopf, und so nenne ich ihn immer noch. Als Basis dient ein Getreide nach Wahl, das mit Gemüse und meiner berühmten Sonnenblumenkerncreme gekocht wird. Der Rest ... sind Reste!**

*10 Oliven*
*5–6 sonnengetrocknete Tomaten*
*50–100 g Käse, gerieben*
*200 g Quinoa (alternativ anderes (Pseudo-)Getreide)*
*600 ml Wasser*
*3 Knoblauchzehen, abgezogen*
*2 Karotten (oder anderes Wurzelgemüse), geschält*
*100 g Grünkohl (alternativ anderes grünes Blattgemüse)*
*Öl zum Braten*
*1 Würfel Gemüsebrühe*
*1 TL Sambal Oelek*
*Salz, schwarzer Pfeffer*

**Sonnenblumenkerncreme**
*200 ml Pflanzendrink*
*100 g Sonnenblumenkerne*

**ZU HAUSE** Oliven und sonnengetrocknete Tomaten hacken und mit dem geriebenen Käse in einen verschließbaren Behälter geben.

Pflanzendrink und Sonnenblumenkerne im Standmixer zu einer glatten Creme mixen und in eine Flasche umfüllen.

**DRAUSSEN** Den Campingkocher anzünden und den kleineren Topf daraufstellen. Die Quinoa ins Wasser geben, zum Kochen bringen und bei niedriger Hitze 15 Minuten abgedeckt ziehen lassen. Inzwischen den Knoblauch hacken, Karotten in Scheiben und Grünkohl in Streifen schneiden.

Wenn die Quinoa gar ist, mit aufgelegtem Deckel (damit sie warm bleibt) beiseitestellen.

Im anderen Topf etwas Öl erhitzen und Knoblauch, Karotten und Grünkohl darin unter Rühren einige Minuten andünsten. Sonnenblumenkerncreme und Brühwürfel zugeben und alles 10 Minuten sanft köcheln lassen. Oliven, Tomaten und Käse einrühren. Mit Sambal Oelek würzen. Zum Schluss die Quinoa unterrühren, eventuell mit etwas Wasser verdünnen. Mit Salz und Pfeffer abschmecken.

**Lieber vegan?** Nimm veganen Käse.

**Zu Hause vorbereiten**
- Oliven und sonnengetrocknete Tomaten hacken
- Sonnenblumenkerncreme
- Käse reiben

**Einpacken**
- Essen, Beilagen, Öl, ggf. weitere Zutaten
- kleinen und großen Topf
- Campingkocher inkl. Brennstoff und Feuerzeug
- scharfes Messer und Schneidebrett, Kochlöffel
- Essgeschirr, Besteck

# Vier Lieblingspiroggen

8–10 Stück • 30 Min. + 60 Min. Gehzeit • lacto-vegetarisch • 0,1–0,2 kg $CO_2$/Pirogge

**Als ich damit begann, jeden Mittwoch draußen zu essen, habe ich ständig Piroggen gemacht – schließlich sind die Teigtaschen ein ausgezeichnetes Ausflugsessen! Ich habe dann einfach ALLES in die Piroggen gestopft. Nicht alles hat funktioniert, aber das meiste war tatsächlich richtig lecker. Hier findest du mein Piroggenrezept mit meinen vier Lieblingsfüllungen.**

**Teig**
*250 ml lauwarmes Wasser*
*½ Päckchen frische Hefe*
*100 ml Raps- oder Olivenöl*
*½ TL Salz*
*480 g Weizenmehl*

*Füllung und Sauce nach Wahl, siehe folgende Doppelseite*

**ZU HAUSE** Für den Teig das Wasser mit Hefe, Öl und Salz verrühren. Das Mehl hinzugeben, dabei ein bisschen fürs Backen übriglassen. Alles zu einem Teig verkneten. 45–60 Minuten gehen lassen. In der Zwischenzeit eine der Füllungen von der folgenden Doppelseite zubereiten.

Wenn der Teig aufgegangen ist, den Ofen auf 225 °C (Ober- und Unterhitze) vorheizen. Den Teig in 8–10 Stücke teilen, jedes Stück zu einem ½ cm dicken Kreis mit 15 cm Durchmesser ausrollen (das ist natürlich Geschmackssache, aber wenn die Kreise zu dünn oder zu dick sind, wird es schwieriger mit der Füllung).

Jeweils einen gehäuften Esslöffel Füllung auf eine Kreishälfte setzen und die andere Hälfte darüberklappen, sodass ein Halbmond entsteht. Die Ränder mit einer Gabel fest zusammendrücken. Die Piroggen auf ein mit Backpapier ausgelegtes Backblech legen und auf der mittleren Schiene 15 Minuten im vorgeheizten Ofen backen, bis sie goldbraun sind. Abkühlen lassen, erst dann in eine Lunchbox legen.

**Tipp!** Die Piroggen vor dem Backen mit verquirltem Ei bestreichen, dann werden sie schön goldbraun.

**Tipp 2!** Alle Piroggen außer den Kartoffelpiroggen kannst du gut einfrieren.

**Einpacken**

- Piroggen und Sauce

## Tandoori-Füllung

*160 g getrocknete rote Linsen*
*600 ml Wasser*
*1 Würfel Gemüsebrühe*
*2 Karotten, geschält*
*1 Knoblauchzehe, abgezogen*
*2 EL Tandoori-Gewürz*
*4 EL Tomatenmark*
*Salz, schwarzer Pfeffer*

**Minzsauce**
*1 EL getrocknete Minze (alternativ TK oder frische Minze)*
*½ TL gemahlener Kreuzkümmel*
*200 ml Joghurt*
*1 Prise Salz*

Die roten Linsen abspülen und im Wasser aufkochen. Den Brühwürfel im Wasser auflösen und alles 5 Minuten kochen. Die Karotten reiben, den Knoblauch fein hacken und beides zu den Linsen geben. 5 Minuten weiterkochen lassen. Dann die überschüssige Flüssigkeit abgießen, Tandoori-Gewürz und Tomatenmark zugeben und 5 Minuten unter Rühren köcheln lassen. Mit Salz und Pfeffer abschmecken. Die Piroggen füllen.

Die Sauce zubereiten, wenn die Piroggen im Ofen sind: Minze und Kreuzkümmel in den Joghurt rühren, mit Salz abschmecken und kühl stellen, bis die Piroggen fertig sind. Die Sauce in ein fest schließendes Gefäß oder Thermogefäß umfüllen.

**Lieber vegan?** Ersetze den Joghurt durch eine pflanzliche Alternative.

## Pilz-Spinat-Füllung

*30 g TK-Blattspinat*
*80 g Belugalinsen*
*1 Zwiebel, abgezogen*
*Öl zum Braten*
*100 g Champignons*
*1 TL getrockneter Thymian*
*schwarzer Pfeffer*
*1 TL Sojasauce*
*25 g Käse, gerieben*

Den Spinat auftauen lassen. Die Linsen abspülen und in reichlich gesalzenem Wasser zum Kochen bringen. Die Zwiebel fein hacken und in etwas Öl bei mittlerer Hitze weich dünsten. Die Champignons putzen, in Scheiben schneiden und zusammen mit Spinat und Thymian zu den Zwiebeln geben, einige Minuten dünsten. Nach Geschmack schwarzen Pfeffer und zum Schluss die Sojasauce hinzufügen. Wenn die Linsen gar sind, das Wasser abgießen, die Linsen mit der Pilz-Spinat-Mischung vermengen und den geriebenen Käse darüberstreuen. Die Piroggen füllen.

## Kartoffel-Ajvar-Füllung

*4 Kartoffeln (ca. 300 g), geschält*
*80 g getrocknete rote Linsen*
*1 Zwiebel, abgezogen*
*Öl zum Braten*
*120 g Ajvar*
*1 Msp. Sambal Oelek*
*75 g Feta*

Die Kartoffeln in kleine Würfel schneiden und in reichlich Salzwasser 5 Minuten kochen. Die roten Linsen abspülen, dazugeben und zusammen 5 Minuten weiterkochen. Das Wasser abgießen, den Topf beiseitestellen. Die Zwiebel fein hacken und in etwas Öl bei mittlerer Hitze weich dünsten, dann zur Kartoffel-Linsen-Mischung geben. Ajvar, Sambal Oelek und zerbröselten Feta unterrühren. Die Piroggen füllen.

**Lieber vegan?** Nimm veganen Feta oder einen anderen pikanten veganen Käse.

## Zucchini-Oliven-Feta-Füllung

*⅔ Zucchini*
*½ rote Zwiebel, abgezogen*
*8 Oliven ohne Kerne*
*8 sonnengetrocknete Tomaten*
*250 g gekochte große weiße Bohnen (gut 80 g getrocknete, alternativ 1 Dose)*
*2 TL getrockneter Thymian*
*½ TL Chiliflocken*
*75 g Feta*

**Zucchini-Dill-Sauce**
*⅓ Zucchini*
*1 Knoblauchzehe, abgezogen*
*200 ml Crème fraîche oder Joghurt nach Wahl*
*2 TL gehackter Dill*
*Salz, schwarzer Pfeffer*
*Raps- oder Olivenöl*

Die Zucchini reiben und die Flüssigkeit ausdrücken. ⅓ für die Sauce beiseitelegen. Rote Zwiebel, Oliven und Tomaten fein hacken. Die Bohnen zerdrücken und mit Zucchini, Zwiebel, Oliven, Tomaten, Thymian, Chiliflocken und Feta zu einer Masse vermengen. Die Piroggen damit füllen.

Wenn die Piroggen im Ofen sind, die Sauce zubereiten: Den Knoblauch pressen, mit der übrigen geriebenen Zucchini sowie Crème fraîche oder Joghurt verrühren. Den Dill zugeben, nach Geschmack salzen und pfeffern und die Sauce mit etwas Öl beträufeln. In ein fest schließendes Gefäß oder Thermogefäß umfüllen.

**Lieber vegan?** Nimm veganen Feta oder einen anderen pikanten veganen Käse. Verwende statt Joghurt oder Crème fraîche eine pflanzliche Variante.

# Einfache Tomatensuppe mit Feta

4 Portionen • 15 Min. • lacto-vegetarisch • 0,4 $CO_2$/Portion

**Eine meiner liebsten Suppen ist eine Tomatensuppe, bei der ich Zwiebel und Knoblauch zusammen mit ganzen Tomaten köcheln lasse und dann alles püriere. Nun ist das Pürieren mitten im Wald etwas schwierig, daher habe ich das Rezept so abgeändert, dass man diese leckere Suppe auch draußen – ohne Mixer – zubereiten kann.**

*1 Zwiebel, abgezogen*
*2 Knoblauchzehen, abgezogen*
*Öl zum Braten*
*2 Packungen passierte Tomaten (à 400 g)*
*1 Würfel Gemüsebrühe*
*1 EL Zucker oder Honig*
*1 EL gemischte getrocknete Kräuter, z.B. Basilikum, Rosmarin, Thymian, Oregano*
*480 g gekochte weiße Bohnen (gut 200 g getrocknete, alternativ 2 Dosen)*
*Salz, schwarzer Pfeffer*
*100–200 ml Wasser zum Verdünnen (nach Belieben)*

**Croûtons**

*100 ml Raps- oder Olivenöl*
*2 Knoblauchzehen, abgezogen*
*2 Scheiben altbackenes Weißbrot*

**Topping**

*100 g Feta*

**ZU HAUSE** Für die Croûtons: Das Öl in einen verschließbaren Behälter gießen und die Knoblauchzehen hineinpressen oder -reiben. Vermischen und verschließen.

**DRAUSSEN** Zwiebel und Knoblauch fein hacken.

Den Campingkocher anzünden. Im größeren Topf etwas Öl erhitzen, Zwiebel und Knoblauch darin einige Minuten weich dünsten. Die Tomaten zugeben, den Brühwürfel darin auflösen, Zucker oder Honig zufügen. Die Suppe 10 Minuten bei mittlerer Hitze köcheln lassen.

Inzwischen das Brot in kleine Würfel schneiden. Kräuter und gekochte Bohnen zugeben und alles durchwärmen, das dauert ein paar Minuten. Mit Salz und Pfeffer abschmecken und eventuell mit etwas Wasser verdünnen, falls die Suppe zu dick ist.

Die Pfanne auf den Kocher stellen, das vorbereitete Knoblauchöl hineingeben und die Croûtons darin goldbraun braten.

Croûtons und zerbröselten Feta über die Suppe streuen.

**Tipp!** Wenn du die Suppe schon vorbereitet hast und aus dem Thermobehälter servierst, verwahre die Croûtons in einer separaten Dose auf, damit sie schön knusprig bleiben.

**Zu Hause vorbereiten**
- Knoblauchöl für die Croûtons

**Einpacken**
- Essen, Beilagen, Öl, ggf. weitere Zutaten
- scharfes Messer, Schneidebrett, Kochlöffel, Schöpfkelle
- Topf und Pfanne
- Campingkocher inkl. Brennstoff und Feuerzeug
- tiefe Teller, Löffel

# Sommerlicher Kartoffelsalat

4 Portionen • 30 Min. • lacto-vegetarisch • 0,3 kg $CO_2$/Portion

**Es ist ein sonniger Tag, du willst zum See oder ins Freibad und möchtest etwas Frisches und schnell Gemachtes zum Essen mitnehmen? Für genau solche Tage bietet sich dieser sommerliche Kartoffelsalat an. Wenn Tomaten, Kartoffeln und Petersilie Saison haben, ist er richtig köstlich.**

*1 kg festkochende Kartoffeln*
*1 rote Zwiebel, abgezogen*
*2 Tomaten*
*5 Stängel Petersilie*
*10 Oliven + 50 ml Olivenflüssigkeit*
*50 ml Raps- oder Olivenöl*
*250 g gekochte weiße Bohnen (gut 80 g getrocknete)*
*100 g Feta*
*Salz, Pfeffer*

**ZU HAUSE** Die Kartoffeln in reichlich kochendem Salzwasser garen.

Die Zwiebel in feine Ringe schneiden, Tomaten und Petersilie grob hacken. Die Oliven in kleine Stücke schneiden. Olivenflüssigkeit und Öl verrühren. Bohnen, Zwiebel, Tomaten, Petersilie und Oliven in einer größeren Schüssel vermengen.

Die fertig gekochten Kartoffeln in mundgerechte Stücke schneiden und zum Salat geben. Die Ölmischung darübergießen, den zerbröselten Feta daraufstreuen und den Salat mit etwas Salz und Pfeffer abschmecken.

Den Salat in einer großen Schüssel mitnehmen und vor Ort servieren oder direkt auf einzelne Lunchboxen aufteilen.

**Tipp!** Eine Joghurtsauce (siehe S. 24 oder 39) oder eine Zucchini-Dill-Sauce (siehe S. 57) passen perfekt dazu.

**Lieber vegan?** Nimm veganen Feta.

**Einpacken**

- Salat
- Essgeschirr (falls ihr nicht direkt aus den Lunchboxen esst), Besteck

**Tipp!** Wenn du ungeduldig bist, kannst du auch einen Teig ohne Hefe machen. Dafür 240 g Weizenmehl, 1 TL Backpulver und 1 TL Salz vermischen. Direkt vor Ort kannst du dann noch 1½ EL Öl und 150 ml Wasser einrühren. Ergibt 3–4 Pizzen.

# Gourmet-Outdoor-Pizza

4 Stück • 20 Min./Pizza + ca. 40 Min. Gehzeit • lacto-vegetarisch • 0,5 kg $CO_2$/Pizza

**Meine Freundin Maria hat mir diese Pizzazubereitung beigebracht. Laut Maria gönnt man sich diese Pizza, wenn man wie ein Gourmet im Freien essen möchte. Diese Pizza ist nämlich kein Fast Food, sondern kommt eher im genüsslichen Slow-Food-Style daher.**

**Pizzateig**

*½ Päckchen frische Hefe*
*250 ml lauwarmes Wasser*
*1 TL Salz*
*1 EL Oliven- oder Rapsöl*
*300–350 g Weizenmehl*

**Pizzasauce**

*1 Knoblauchzehe, abgezogen*
*abgeriebene Schale von ½ Biozitrone*
*200 g Crème fraîche*

**Topping**

*2 Kartoffeln*
*100 g Käse, gerieben*
*2–3 Stängel frischer Dill*
*1 kleines Bund frischer Schnittlauch*
*Salz, Pfeffer*
*Saft von ½ Zitrone*

**ZU HAUSE** Die Hefe in eine Rührschüssel bröckeln. Wasser, Salz und Öl zufügen und umrühren, dann das Mehl einrühren, bis ein knetbarer Teig entsteht. Den Teig einige Minuten kneten, dann unter einem Geschirrtuch 40 Minuten gehen lassen, bis er sein Volumen verdoppelt hat.

Die Kartoffeln in dünne Scheiben hobeln und 1–2 Minuten vorkochen. Abkühlen lassen und in eine Brotdose legen, den Käse in eine andere Dose geben.

Für die Sauce die Knoblauchzehe reiben und zusammen mit der Zitronenschale unter die Crème fraîche rühren.

**DRAUSSEN** Den Boden von einem Topf ölen oder mit Backpapier auslegen. Ein Viertel des Teigs als dünnen Fladen am Topfboden andrücken, etwas Mehl verwenden, wenn der Teig sehr klebrig ist. Mit der Sauce bestreichen und einige Kartoffelscheiben darauflegen. Mit etwas Käse bestreuen.

Den Kocher anzünden und die niedrigste Stufe einstellen. Den Topf mit der Pizza daraufstellen und abdecken. Nun die Pizza backen, was etwa 15 Minuten dauert. Ab und zu nachschauen: Die Pizza ist fertig, wenn sie durchgebacken ist. Unterdessen die nächste Pizza im anderen Topf vorbereiten.

Die fertige Pizza aus dem Topf heben, mit etwas Dill und Schnittlauch bestreuen, salzen, pfeffern und mit Zitronensaft beträufeln.

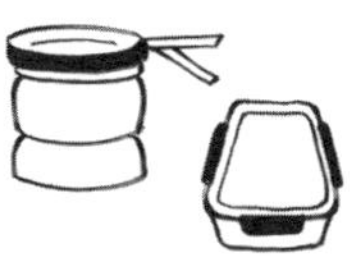

**Zu Hause vorbereiten**
- Pizzateig
- Pizzasauce
- Kartoffeln vorkochen

**Einpacken**
- Essen, Beilagen, ggf. Öl, weitere Zutaten, ein wenig Mehl in einer kleinen Dose
- 2 große Töpfe
- Campingkocher inkl. Brennstoff und Feuerzeug
- Besteck, Schere für die Kräuter
- Backpapier oder Öl
- evtl. Essgeschirr

# Kartoffeleintopf

4 Portionen • 20 Min. • vegan • 0,1 kg $CO_2$/Portion

**Nahezu jedes Gemüse passt in einen Eintopf. Du kannst dieses Rezept daher als Vorschlag betrachten und dann das nehmen, was du magst und/oder gerade zu Hause hast. Vielleicht kannst du ja sogar ein kleines Outdoor-Restefest daraus machen?**

*½ Kilo Kartoffeln*
*1 Zwiebel, abgezogen*
*½ rote Chilischote*
*Öl zum Braten*
*1 Dose stückige Tomaten (à 400 g)*
*600 ml Wasser*
*1 Würfel Gemüsebrühe*
*150 g Grünkohl*
*160 g getrocknete rote Linsen*
*2 EL gehackte Petersilie*
*1 EL Sojasauce*
*schwarzer Pfeffer*

**Zum Servieren**
*Brot (nach Belieben)*

**ZU HAUSE** Die Kartoffeln waschen, falls sie sehr erdig sind.

**DRAUSSEN** Die Zwiebel hacken, die Kartoffeln vierteln und die Chili fein hacken.

Den Campingkocher anzünden. Etwas Öl im Topf erhitzen und Zwiebel, Kartoffeln und Chili darin anbraten, bis die Zwiebel weich ist. Gut umrühren, damit nichts anbrennt. Tomaten, Wasser und Brühwürfel zugeben und alles bei schwacher Hitze 10 Minuten köcheln lassen, dabei die Pfanne als Deckel verwenden.

Den Grünkohl grob hacken, mit Linsen und Petersilie in den Eintopf geben und diesen weitere 10 Minuten köcheln lassen, dabei regelmäßig umrühren. Kartoffeln und Linsen sollten die ganze Zeit von Flüssigkeit bedeckt sein, bei Bedarf etwas mehr Wasser zugeben. Mit Sojasauce und Pfeffer abschmecken.

Den Eintopf ohne alles oder mit einer Scheibe Brot servieren.

**Zu Hause vorbereiten**
- evtl. Kartoffeln waschen

**Einpacken**
- Essen, Beilagen, Öl, ggf. weitere Zutaten
- Schneidebrett, scharfes Messer, Kochlöffel, Schöpfkelle
- großen Topf, Pfanne
- Campingkocher inkl. Brennstoff und Feuerzeug
- tiefe Teller, Besteck

# Outdoor-Carbonara

4 Portionen • 30 Min. • lacto-vegetarisch • 0,4 kg $CO_2$/Portion

**Wenn du schon eins meiner anderen Kochbücher gelesen oder meine Rezepte auf Instagram gesehen hast, dann weißt du, dass zwei meiner Lieblingsgerichte Erbsencarbonara und Maiscarbonara sind. Die sind so einfach zubereitet, dass ich sie natürlich auch schon im Wald gemacht habe. Dies hier ist eine leicht angepasste Outdoor-Variante.**

*Pasta für 4 Portionen*
*etwas Salz und Wasser, um die Pasta darin zu kochen*

*2 Zwiebeln, abgezogen*
*1 grüne Chilischote*
*1 TL geräuchertes Paprikapulver*
*Öl zum Braten*
*250 g pflanzliche Sahne*
*1 Würfel Gemüsebrühe*
*450 g TK-Mais oder grüne Erbsen*
*50–100 g aromatischer Käse, gerieben*
*Salz, schwarzer Pfeffer*

**ZU HAUSE** Den geriebenen Käse in eine Dose geben (oder eine Reibe mitnehmen und den Käse vor Ort reiben).

**DRAUSSEN** Den Campingkocher anzünden. Die Pasta gemäß Packungsangabe in dem größeren Topf kochen.

Unterdessen Zwiebeln und Chili fein hacken.

Wenn die Pasta fertig ist, das Wasser abgießen. Abgedeckt beiseitestellen, damit sie warm bleibt.

Den kleineren Topf auf den Campingkocher stellen, Zwiebeln, Chili und Paprikapulver in etwas Öl andünsten, bis Zwiebel und Chili weich sind. Die Sahne zugeben und den Brühwürfel darin auflösen. Mais oder Erbsen hinzugeben und die Sauce 2–3 Minuten köcheln lassen.

Die Sauce über die Pasta gießen und den geriebenen Käse einrühren. Mit Salz und Pfeffer abschmecken.

**Lieber vegan?** Nimm pflanzlichen Käse.

**Zu Hause vorbereiten**

- Käse reiben (oder die Reibe mitnehmen und den Käse vor Ort reiben)

**Einpacken**

- Essen, Beilagen, Öl, ggf. weitere Zutaten, und das Nudelwasser nicht vergessen!
- großen und kleinen Topf
- scharfes Messer, Schneidebrett, Kochlöffel, Schöpfkelle
- Campingkocher inkl. Brennstoff und Feuerzeug
- tiefe Teller, Besteck

# Quesadillas mit Tacofüllung

4 Portionen • 40 Min. • lacto-vegetarisch • 0,4 kg $CO_2$/Portion

**In Schweden haben wir den Taco-Freitag, an dem wir, na was wohl, Tacos oder etwas anderes sehr Einfaches essen. Manchmal bleiben Reste übrig, und so kam es, dass dieses Gericht entstand – der wohl schnellste Outdoor-Lunch überhaupt!**

**Tacofüllung**
*160 g Belugalinsen (oder grüne Linsen)*
*1 Chilischote*
*1 Knoblauchzehe, abgezogen*
*2 TL gemahlener Kreuzkümmel*
*1 TL Paprikapulver*
*3 EL Tomatenmark*
*½ Würfel Gemüsebrühe*
*Salz, Pfeffer*

**Maiscreme**
*½ grüne Chilischote*
*200 g TK-Mais*
*50 g aromatischer Käse, gerieben*
*Saft von ½ Limette*
*Salz, Pfeffer*

*8 Tortillafladen, gekauft oder nach dem Rezept auf S. 51 selbst gebacken*
*etwas Gemüse, Obst und Jalapeños (nach Belieben)*

**ZU HAUSE** Für die Tacofüllung die Linsen 25–30 Minuten in reichlich Wasser kochen, bis sie weich sind. Das Wasser abgießen, die Linsen beiseitestellen. Chili und Knoblauch hacken und zusammen mit Kreuzkümmel und Paprikapulver in etwas Öl weich dünsten. Die Linsen hinzugeben und umrühren, dann Tomatenmark und eventuell etwas Wasser einrühren. Den halben Brühwürfel in der Mischung auflösen. Mit Salz und Pfeffer abschmecken und in eine Dose oder Lunchbox geben.

Für die Maiscreme die Chili hacken und mit den Maiskörnern in einer trockenen Pfanne anrösten, bis der Mais etwas Farbe annimmt. Zusammen mit dem Käse im Standmixer zu einer Creme mixen. Den Limettensaft einrühren. Salzen und pfeffern und in einen Behälter füllen.

Gemüse, Obst und Jalapeños hacken und in eine Dose geben.

**DRAUSSEN** Vier Tortillafladen mit Maiscreme bestreichen und etwas Tacofüllung, gehacktes Gemüse oder Obst und eventuell Jalapeños daraufgeben. Die restlichen vier Fladen auflegen und andrücken.

Den Campingkocher anzünden und die Pfanne daraufstellen. Die gefüllten Tortillafladen in der trockenen Pfanne rösten, bis das Brot anbräunt. In Stücke schneiden.

**Lieber vegan?** Nimm veganen Käse.

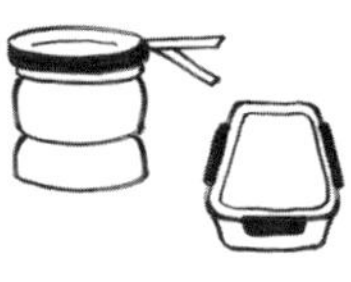

**Zu Hause vorbereiten**
- Maiscreme
- Tacofüllung
- Gemüse, Obst, evtl. Jalapeños hacken

**Einpacken**
- Essen, Beilagen, ggf. weitere Zutaten
- Pfanne
- Campingkocher inkl. Brennstoff und Feuerzeug
- Besteck
- scharfes Messer, Schneidebrett
- Besteck, Essgeschirr (oder mit den Händen essen)

# Pasta mit Aubergine, Feta und Basilikum

4 Portionen • 20 Min. • lacto-vegetarisch • 0,3 kg $CO_2$/Portion

**Eines meiner liebsten Gerichte, wenn mich die Sehnsucht nach einer Mahlzeit im Freien überkommt! Dann gehe ich rasch in einen Supermarkt, kaufe alles ein und begebe mich sogleich in die Natur. Richtig edel wird es, wenn du dir dabei einen ganzen Topf Basilikum kaufst … Für eine günstige Version funktioniert es aber auch prima mit Tiefkühlbasilikum.**

*3 Knoblauchzehen, abgezogen*
*1 Aubergine*
*reichlich Olivenöl zum Braten*
*2 EL Tomatenmark*
*1 Dose stückige Tomaten (à 400 g)*
*1 Würfel Gemüsebrühe*
*Salz, schwarzer Pfeffer*

*Pasta für 4 Portionen*
*etwas Salz und Wasser, um die Pasta darin zu kochen*

**Topping**
*2 EL gehacktes Basilikum*
*100 g Feta*

**DRAUSSEN** Den Knoblauch fein hacken, die Aubergine in kleine Stücke schneiden.

Den Campingkocher anzünden, in dem kleineren Topf reichlich Öl erhitzen, darin Knoblauch und Aubergine zusammen mit dem Tomatenmark unter Rühren braten, bis die Aubergine weich wird.

Die Tomaten zugeben und den Brühwürfel hineinbröseln. 10 Minuten bei schwacher Hitze köcheln lassen, dabei ab und zu umrühren, damit nichts anbrennt. Die Sauce zum Schluss mit Salz und Pfeffer abschmecken und abgedeckt beiseitestellen, um sie warmzuhalten.

Die Nudeln gemäß Packungsangabe in dem größeren Topf kochen.

Wenn die Nudeln fertig sind, das Wasser abgießen (1–2 EL Nudelwasser in die Tomatensauce geben, dann wird sie richtig sämig). Die Nudeln mit der Sauce vermengen, mit gehacktem Basilikum und Feta bestreuen und zum Schluss pfeffern.

**Lieber vegan?** Ersetze den Feta durch eine vegane Version oder durch Hefeflocken.

**Einpacken**

- Essen, Beilagen, Öl, ggf. weitere Zutaten, und das Nudelwasser nicht vergessen!
- Schneidebrett, scharfes Messer, Kochlöffel, Schöpfkelle
- kleinen und großen Topf
- Campingkocher inkl. Brennstoff und Feuerzeug
- tiefe Teller, Besteck

# Fladenbrot mit Zitronencreme, Champignons und Zwiebel

4 Stück • 15 Min. + 30 Min. Gehzeit • lacto-vegetarisch • 0,4 kg $CO_2$/Portion

**Wenn du Lust auf Pizza hast, dir aber die Slow-Food-Pizza von S. 63 zu aufwendig ist, probiere mal dieses Rezept aus!**

**Teig**

*½ Päckchen frische Hefe*
*250 ml lauwarmes Wasser*
*1 EL Raps- oder Olivenöl*
*1 TL Salz*
*360 g Weizenmehl*

**Kichererbsencreme**

*250 g gekochte Kichererbsen (gut 80 g getrocknete, alternativ 1 Dose)*
*2 EL Crème fraîche*
*1 Knoblauchzehe, abgezogen*
*Saft von ½ Zitrone*
*1 Prise Salz*

**Topping**

*2 rote Zwiebeln, abgezogen*
*200 g Champignons*
*Öl zum Braten*
*2 TL getrockneter Thymian*
*Salz, schwarzer Pfeffer*
*50 g Käse, gerieben*
*abgeriebene Schale von ½ Zitrone*

**ZU HAUSE** Für den Teig die Hefe in das Wasser bröckeln, Öl und Salz zugeben und alles verrühren, bis die Hefe aufgelöst ist. Die Hälfte des Mehls kräftig unterrühren, den Rest nach und nach zufügen, bis ein knetbarer Teig entsteht. Den Teig einige Minuten kneten und mindestens 30 Minuten gehen lassen, bis sich das Volumen verdoppelt hat.

Für die Creme die Kichererbsen mit Crème fraîche, Knoblauch und Zitronensaft im Standmixer glatt pürieren und salzen.

**DRAUSSEN** Die Zwiebeln in feine Streifen, die Champignons in dünne Scheiben schneiden.

Den Campingkocher anzünden und die Pfanne daraufstellen. Zwiebeln und Champignons bei mittlerer Hitze in etwas Öl braten, mit Thymian, Salz und Pfeffer würzen. Alles in einen Topf umfüllen.

Den Teig in 2–4 Portionen teilen, ggf. Mehl zufügen. Etwas Öl in die Pfanne gießen und ein Stück Teig am Boden festdrücken, es sollte etwa ½–1 cm dick sein. Auf beiden Seiten so lange backen, bis das Brot Farbe annimmt.

Die Pfanne vom Kocher nehmen, das Brot mit der Creme bestreichen und mit der Pilzmischung belegen, dann mit etwas Käse und Zitronenschale bestreuen. In Stücke schneiden. Mit den anderen Teigportionen ebenso verfahren.

**Zu Hause vorbereiten**
- Teig
- Kichererbsencreme

**Einpacken**
- Essen, Beilagen, Öl, ggf. weitere Zutaten, ein wenig Mehl in einer kleinen Dose
- Topf und Pfanne
- Campingkocher inkl. Brennstoff und Feuerzeug
- scharfes Messer, Schneidebrett, Pfannenwender, ggf. Käsereibe
- Messer zum Bestreichen

# Cremiger Spinattopf

4 Portionen • 40 Min. • vegan • 0,4 kg $CO_2$/Portion

**An manchen Tagen zelebriere ich es förmlich, mein Essen im Freien zuzubereiten. An anderen Tagen soll es möglichst schnell gehen, da bereite ich dann etwas mehr zu Hause vor. Dieses Rezept bietet dir beide Möglichkeiten!**

*160 g getrocknete grüne Linsen*
*1 Knoblauchzehe, abgezogen*
*1 Zwiebel, abgezogen*
*1 Chilischote*
*Öl zum Braten*
*1 TL gemahlener Kardamom*
*1 TL gemahlener Kreuzkümmel*
*250 g pflanzliche Sahne*
*1 Würfel Gemüsebrühe*
*250 g TK-Spinat, gehackt*
*100–200 ml Wasser (nach Belieben)*
*Saft von 1 Limette*
*Salz, Pfeffer*

*Reis oder anderes Getreide nach Wahl für 4 Portionen*

**ZU HAUSE** Linsen und Reis eventuell separat vorkochen und in verschiedene Behälter geben, eventuell Knoblauch, Zwiebel und Chili fein hacken und in eine kleine Dose geben. All das kann aber auch vor Ort gemacht werden.

**DRAUSSEN** Den Campingkocher anzünden und den kleineren Topf daraufstellen. Die Linsen etwa 25 Minuten in leicht gesalzenem Wasser kochen (falls nicht schon zu Hause geschehen).

Unterdessen Knoblauch, Zwiebel und Chili fein hacken (falls nicht schon geschehen). Alles in dem größeren Topf in etwas Öl anbraten. Kardamom und Kreuzkümmel zugeben und weiterbraten, bis die Zwiebel richtig weich ist.

Die Sahne zugeben, den Brühwürfel hineinbröseln und den Spinat einrühren. Die vorgekochten Linsen zugeben, bei Bedarf etwas Wasser zufügen.

Die Spinatmischung beiseitestellen und den Reis (oder das andere Getreide) gemäß Packungsangabe in dem kleinen Topf garen. Falls der Reis schon gekocht ist, in die Spinatmischung geben und alles erwärmen. Den Limettensaft zugeben, salzen und pfeffern.

**Tipp!** Für einen One Pot: Reis oder anderes Getreide direkt in der Sauce gar kochen. In diesem Fall musst du etwa doppelt so viel Wasser nehmen wie für den Reis allein.

**Zu Hause vorbereiten**
- evtl. Reis und Linsen vorkochen
- evtl. Gemüse hacken

**Einpacken**
- Essen, Beilagen, Öl, das Kochwasser nicht vergessen!
- Campingkocher inkl. Brennstoff und Feuerzeug
- Schneidebrett, scharfes Messer, Kochlöffel
- Essgeschirr, Besteck

# Frühstück, Snacks, Gebäck und Getränke

Ein Outdoor-Lunch oder -Abendessen ist fantastisch, aber wir sollten auch nicht das Outdoor-Potenzial der Stunden dazwischen vergessen! In diesem Kapitel findest du richtig leckere Draußen-Rezepte für Frühstück, kleine Snacks und Kaffeepausen – gute Anlässe, um dein Essen so oft wie möglich draußen einzunehmen!

# Outdoor-Porridge

2 Portionen • 20 Min. • vegan • 0,1 kg $CO_2$/Portion

**Wenn es Outdoor-Frühstück gibt, mache ich häufig Porridge – bedeutend öfter als bei einem Frühstück zu Hause. So ein warmer Brei ist etwas Wunderbares, wenn es morgens noch ein wenig kühl ist.**

*170 g Weizenkörner*
*400 ml Wasser*
*1 Prise Salz*
*1 Apfel*
*1 Prise gemahlener Zimt oder Kardamom*

**Zum Servieren**
*2 EL Nüsse oder Kerne zum Bestreuen, gehackt*
*etwas Obst (frisches oder Trockenobst), gehackt*
*Pflanzendrink*

**ZU HAUSE** Die Weizenkörner unter fließendem heißem Wasser abspülen. In einen Topf geben, Wasser und Salz hinzufügen. Aufkochen lassen, dann bei schwacher Hitze 10–15 Minuten köcheln lassen. Den Apfel hineinreiben, den Brei mit Zimt oder Kardamom würzen und in einen Thermobehälter umfüllen.

Nüsse oder Kerne hacken und in eine kleine Dose geben; frisches oder getrocknetes Obst hacken und in eine andere Dose füllen. Den Pflanzendrink in einer (Thermo-)Flasche mitnehmen.

Den Porridge draußen mit dem Pflanzendrink übergießen und mit dem Topping bestreuen.

**Tipp!** Ich esse diesen Brei auch sehr gern kalt, aber dann mit warmem Pflanzendrink.

**Tipp 2!** Den Brei kannst du natürlich auch hervorragend auf dem Campingkocher zubereiten.

**Einpacken**
- Thermobehälter mit Porridge
- Dose mit Nüssen/Kernen
- Dose mit Obst
- (Thermos-)Flasche mit Pflanzendrink
- evtl. Essgeschirr, Löffel

# Chiafrutti

4 Portionen • 50 Min. • vegan • 0,2 kg $CO_2$/Portion

**Bist du wie ich ein Fan von fertigem, kaltem Milchreis aus dem Becher (der in Schweden »Risifrutti« heißt)? Es ist kinderleicht, so etwas selbst zu machen. Meine Version ist außerdem superlecker! Genau wie der Milchreis aus der Kühltheke lässt sich mein Chiafrutti mit unterschiedlichen Geschmacksrichtungen aufpeppen. Im Moment habe ich zwei Favoriten: eine Variante »natur« mit Apfelkompott und eine Variante mit Safran.**

**Chiafrutti-Basis**

*130 g Rundkornreis*
*300 ml Wasser*
*1 Prise Salz*
*900 ml–1 l Pflanzendrink*
*½ g Safran (nach Belieben)*
*4 EL Chiasamen*
*4 Kardamomkapseln, zerstoßen (alternativ gemahlener Kardamom)*

**Apfelkompott**

*3 rote Äpfel*
*3 frische Datteln, entsteint*
*100 ml Wasser*
*2 TL gemahlener Zimt*
*4 Kardamomkapseln, zerstoßen (alternativ gemahlener Kardamom)*

**ZU HAUSE** Reis, Wasser und Salz im Topf aufkochen, bei schwacher Hitze 10 Minuten köcheln lassen. ⅔ des Pflanzendrinks zugießen und bei schwacher Hitze weitere 30 Minuten köcheln lassen. Beiseitestellen und abkühlen lassen. Nach Belieben den Safran hinzugeben.

Wenn der Brei abgekühlt ist, Chiasamen, Kardamom und restlichen Pflanzendrink hinzugeben und mindestens 10 Minuten ziehen lassen.

Die Äpfel reiben und die Datteln hacken. Zusammen mit Wasser, Zimt und Kardamom in einem kleinen Topf bei schwacher Hitze zum Kochen bringen. 15 Minuten zu einem Kompott einkochen. Abkühlen lassen.

Das Chiafrutti in ein Einmachglas oder einen Thermobehälter umfüllen, das Apfelkompott daraufgeben.

**Tipp!** Das Chiafrutti schmeckt sowohl warm als auch kalt.

**Tipp 2!** Das Apfelkompott schmeckt auch sehr gut zu Joghurt.

**Einpacken**

- Thermobehälter oder Einmachglas mit Chiafrutti
- Löffel

# Belegte Brote

4 Stück • 40 Min. + 8 Std. Gehzeit • lacto-vegetarisch • 0,2 kg $CO_2$/Brot

**Manchmal höre ich Leute sagen: »Wieso gibt's beim Picknick immer nur belegte Brote? Das ist doch langweilig!« Diese beiden leckeren Brote beweisen dir das Gegenteil! Ich mache mein Brot aus Hefeteig, in der Form gebacken und dann unterschiedlich belegt – die Rezepte dafür findest du auf den nächsten Seiten.**

**Hefebrot**

*10 g frische Hefe*
*300 ml kaltes Wasser*
*½ TL Salz*
*1 EL Öl*
*75 g Grahammehl*
*210 g Weizenmehl*
*etwas mehr Öl, grobes Salz und schwarzer Pfeffer*

**Brotbelag 1**

*Grüne Erbsencreme, marinierte Karotte, gebratene Pilze, Erbsensprossen*

**Brotbelag 2**

*Kürbiskernbutter, Creme aus sonnengetrockneten Tomaten, marinierte Zucchini, Alfalfa- oder Mungbohnensprossen*

*Rezepte siehe folgende Doppelseite*

**ZU HAUSE** Das Brot am Vorabend backen. Dafür die Hefe in das Wasser bröckeln und rühren, bis sie sich ganz aufgelöst hat. Salz und Öl einrühren, dann Graham- und Weizenmehl, bis ein zusammenhängender Teig entsteht. Nur rühren, nicht kneten! Der Teig soll nicht flüssig sein, aber noch klebrig. Mit einem Küchentuch abdecken und über Nacht (oder für mindestens 8 Stunden) in den Kühlschrank stellen.

Wenn der Teig aufgegangen ist, den Ofen auf 275 °C (Ober- und Unterhitze) vorheizen (wenn er nur bis 250 °C geht, muss das Brot ein paar Minuten länger backen). Eine ofenfeste Form von ca. 15 x 20 cm Größe einölen oder mit Backpapier auslegen. Den Teig in die Form füllen (er sollte vor dem Backen ca. 3 cm hoch sein). Mit geölten Fingern Löcher in den Teig stechen und alles mit grobem Salz und Pfeffer bestreuen. Auf der mittleren Schiene 10–12 Minuten backen. Während das Brot im Ofen ist, den Belag vorbereiten.

Das fertige Brot herausnehmen und auf einem Kuchengitter abkühlen lassen. Anschließend in vier Stücke schneiden und jedes Stück so halbieren, dass jeweils eine untere und eine obere Hälfte entsteht.

**Einpacken**

- belegte Brote

## Grüne Erbsencreme

*150 g grüne TK-Erbsen*
*1 Knoblauchzehe, abgezogen*
*20 g Sonnenblumenkerne*
*1 EL Öl*
*1 Prise Sambal Oelek*
*Salz, schwarzer Pfeffer*
*Saft und abgeriebene Schale von ½ Zitrone*

Die Erbsen auftauen und zusammen mit Knoblauch, Sonnenblumenkernen, Öl, Sambal Oelek, Salz und Pfeffer in einem Standmixer oder mit dem Stabmixer zu einer Creme pürieren. Zitronensaft und -schale hinzugeben, umrühren und die Creme ruhen lassen.

## Marinierte, gebratene Champignons

*100 g Champignons (oder andere Pilze)*
*2 EL Sojasauce*
*½ TL schwarzer Pfeffer*

Die Champignons in sehr dünne Scheiben schneiden, in eine Schüssel oder einen tiefen Teller füllen, Sojasauce und Pfeffer darübergeben und alles gut vermengen. 15 Minuten ziehen lassen, dann in der Pfanne leicht anbraten.

## Marinierte Karotten oder Zucchini

*2 Karotten oder ½ Zucchini*
*Saft von 1 Zitrone*

Die Karotten schälen und grob reiben bzw. die Zucchini in dünne Scheiben hobeln. In einer Schüssel mit dem Zitronensaft vermengen und ziehen lassen. Am besten schon am Vortag zubereiten.

## Sonnenblumen- oder Kürbiskernbutter

Seine eigene Kern- oder Nussbutter zu machen, erfordert einen leistungsstarken Standmixer. Die selbstgemachte Butter kann auch durch Tahini oder Erdnussbutter ersetzt werden.

*400 g Sonnenblumen- oder Kürbiskerne*
*etwas Öl (nach Belieben)*
*Salz nach Geschmack*

Die Sonnenblumen- oder Kürbiskerne in einer Pfanne bei mittlerer Hitze trocken rösten, aber nicht anbrennen lassen. In einem Standmixer zu einer glatten Creme pürieren. Anfangs ist die Masse noch sehr krümelig, aber Geduld: Am Ende wird sie dann doch cremig. Wer nachhelfen will, kann noch einen Schuss Öl hinzufügen. Zum Schluss nach Geschmack salzen. In einem geschlossenen Behälter im Kühlschrank aufbewahren.

## Creme aus sonnengetrockneten Tomaten

*250 g gekochte Kichererbsen (gut 80 g getrocknete, alternativ 1 Dose)*
*2 Knoblauchzehen, abgezogen*
*5–6 sonnengetrocknete Tomaten in Öl*
*2 EL Öl von den sonnengetrockneten Tomaten (alternativ ein anderes Öl)*
*1 TL gemahlener Kreuzkümmel*
*1 EL Zitronensaft*
*Salz, Pfeffer*
*etwas Wasser (nach Bedarf)*

Alle Zutaten zu einer dicken Creme pürieren, für eine dünnere Konsistenz etwas Wasser zugeben. Mit Salz und Pfeffer abschmecken. In einem geschlossenen Behälter im Kühlschrank aufbewahren.

## Selbst gezogene Erbsensprossen

Erbsensprossen zu Hause zu ziehen ist eine einfache Art und Weise, eine günstige, nährstoffreiche und frische Zutat zu erhalten.

*80–150 g getrocknete gelbe Erbsen*

Die Erbsen über Nacht in reichlich Wasser einweichen, das Wasser morgens abgießen. Den Boden einer Form, Schale oder eines Topfes mit einer 2 cm dicken Schicht Erde bedecken. Die Erbsen darauflegen und mit den Händen etwas andrücken (aber nicht in die Erde hinein). Mit etwas Wasser besprühen, damit die Erde feucht ist. Mit Frischhaltefolie abdecken und einige kleine Löcher hineinstechen. Auf die Fensterbank stellen, damit die Erbsen Sonnenlicht abbekommen. Ab und zu mit Wasser besprühen, um die Erde feucht zu halten. Wenn die Sprossen etwa 10 cm hoch gewachsen sind, können sie geerntet werden. Das geht 2–3-mal, bevor wieder neue Erbsen ausgesät werden müssen.

## Selbst gezogene Mungbohnen- und Alfalfasprossen

*100 g getrocknete Mungbohnen, alternativ 1 EL getrocknete Alfalfasamen*

Die Mungbohnen mindestens 12 Stunden, die Alfalfasamen mindestens 6 Stunden in Wasser einweichen, dann ordentlich in einem Sieb oder Durchschlag abspülen. Abtropfen lassen, dann das Sieb bzw. den Durchschlag in eine Schüssel stellen und mit einem Küchentuch bedecken. Gut sind auch spezielle Sprossengläser mit Siebdeckel oder ein Glasgefäß mit einem dünnen Tuch darüber. Die Bohnen oder Samen 2–3-mal täglich durchspülen, schwenken und gründlich abgießen. Nach einigen Tagen keimen die Sprossen. Diese im Kühlschrank aufbewahren.

# Gemüseriegel

4 Stück • 30 Min. • lacto-ovo-vegetarisch • 0,1 kg $CO_2$/Riegel

**Bei Riegeln denkt man ja erst einmal, dass sie aus Nüssen, Datteln oder Schokolade bestehen, und das ist ja auch oft so (siehe S. 89). Aber manchmal möchte man vielleicht einen Riegel, der etwas mehr nach einem »richtigen Essen« schmeckt. Wusstest du, dass man Riegel auch aus Gemüse und Kichererbsen machen kann? Falls nicht, weißt du es jetzt! Und ich hoffe, dass du das mal ausprobierst, denn das ist richtig lecker und perfekt als Outdoor- (oder Indoor-)Snack!**

*50 g TK-Blattspinat*
*80 g TK-Mais*
*1 Karotte*
*250 g gekochte Kichererbsen (gut 85 g getrocknete, alternativ 1 Dose)*
*50 g Käse, gerieben*
*1 Würfel Gemüsebrühe*
*1 TL getrockneter Oregano*
*1 TL geräuchertes Paprikapulver*
*etwas Weizenmehl oder Haferflocken (nach Belieben)*

**ZU HAUSE** Den Backofen auf 175 °C (Ober- und Unterhitze) vorheizen. Ein Backblech mit Backpapier belegen.

Spinat und Mais auftauen lassen, den Spinat gut ausdrücken. Die Karotte schälen und grob reiben.

Die Kichererbsen mit dem Stabmixer zu einer glatten Creme pürieren. Mit geriebener Karotte, geriebenem Käse, Spinat, Mais, zerbröseltem Brühwürfel, Oregano und Paprikapulver vermengen. Wenn die Masse nicht fest genug ist, Mehl oder Haferflocken zugeben.

Aus der Masse Riegel formen, diese auf das Backblech legen und im Ofen 15–20 Minuten backen. Abkühlen lassen (beim Abkühlen werden sie fester).

Gleich essen oder im Kühlschrank bzw. Gefrierfach aufbewahren.

**Tipp!** Experimentiere mit anderen Erbsen oder Bohnen – nimm beispielsweise statt der Karotte geriebene Rote Bete oder anstelle von Mais grüne Erbsen.

**Lieber vegan?** Nimm veganen Käse.

**Einpacken**
- Riegel

# Ausflugsriegel

4 Stück • 25 Min. • vegan • 0,1 kg $CO_2$/Riegel

**Ein paar leckere Riegel im Rucksack zu haben ist nie verkehrt, wenn man einen Ausflug macht. Vor allem dann nicht, wenn man wie ich gerne mal die Entfernungen falsch einschätzt … Man kann das durchaus positiv sehen, weil man länger draußen ist und mehr entdeckt. Alle, die mit dabei sind, freuen sich sicher über ein wenig Notproviant. Dafür eignen sich diese Riegel sehr gut – vielleicht hätte ich sie lieber »Entdeckerriegel« nennen sollen?**

60 g Nüsse oder Samen nach Wahl, z.B. Kürbiskerne, Erdnüsse, Haselnüsse
60 g Trockenfrüchte nach Wahl, z.B. Cranberrys, Preiselbeeren, Rosinen, Maulbeeren, Aprikosen
1 Banane
30 g Haferflocken
70 g Sonnenblumenkerne
2 EL Erdnussbutter

**ZU HAUSE** Den Backofen auf 175 °C (Ober- und Unterhitze) vorheizen.

Nüsse und Trockenfrüchte in einem Standmixer oder mit dem Stabmixer zu einer feinkrümeligen Masse pürieren. Die Banane in einer Schüssel zerdrücken, mit Nuss-Frucht-Mix, Haferflocken, Sonnenblumenkernen und Erdnussbutter vermengen. Zu einem Klumpen verkneten, diesen in vier Teile teilen und daraus Riegel formen.

Die Riegel auf ein mit Backpapier belegtes Backblech legen und auf der mittleren Schiene 15–20 Minuten im Ofen backen.

**Tipp!** Du verträgst keine Erdnussbutter? Nimm stattdessen Tahini oder Kürbis- bzw. Sonnenblumenkernbutter (siehe S. 84).

**Tipp 2!** Die Riegel kann man sehr gut einfrieren – nutze also die Gelegenheit und back gleich eine ordentliche Ladung, für zukünftige Entdeckungstouren.

**Einpacken**
- Riegel
- eine gute Landkarte ;-)

# Vier herzhafte Muffins

10 Stück • 40 Min. • lacto-ovo-vegetarisch • 0,1 kg $CO_2$/Muffin

**Herzhaftes Gebäck ist immer lecker und definitiv mein Tipp für einen Ausflug mit Kindern. Deiner Fantasie sind da keine Grenzen gesetzt. Diese Muffins sind wie ein sättigendes belegtes Brot.**

*3 Eier*
*200 ml Pflanzendrink*
*50 ml Rapsöl*
*180 g Weizenmehl*
*50 g Grahammehl*
*2 TL Backpulver*
*1 TL Salz*

*Füllung nach Wahl, siehe folgende Doppelseite*

**ZU HAUSE** Den Backofen auf 200 °C (Ober- und Unterhitze) vorheizen.

Eine Füllung nach Wahl zubereiten (siehe folgende Doppelseite), beiseitestellen und den Teig zubereiten.

Eier, Pflanzendrink und Öl verquirlen. Die trockenen Zutaten vermengen und unter die Flüssigkeit rühren.

Papier-Muffinförmchen auf ein Backblech stellen oder eine Muffinform einölen. Die Mulden jeweils zu ca. ⅔ mit Teig füllen. Die Füllung und ggf. Käse darauf verteilen.

Die Muffins 20 Minuten im Ofen backen, bis sie eine schöne Farbe angenommen haben. Abkühlen lassen, dann in eine Lunchbox packen.

**Lieber vegan?** Ersetze die Eier im Teig durch 100 ml Aquafaba (Kichererbsenflüssigkeit), die du luftig aufschlägst, bevor du sie unterhebst. Nimm für die Füllung veganen Käse bzw. Feta.

**Einpacken**
- Muffins

## Pilz-Curry-Füllung

*½ Zwiebel, abgezogen*
*6 Champignons*
*Öl zum Braten*
*1 TL Currypulver*
*50 g grüne TK-Erbsen*
*1 TL Sojasauce*
*1 Msp. Sambal Oelek*
*2 EL pflanzliche Sahne*
*50–100 g Käse, gerieben*

Die Zwiebel hacken und die Champignons in Scheiben schneiden. Etwas Öl in einer Pfanne erhitzen, Zwiebel und Champignons mit Currypulver bestreut weich dünsten. Erbsen, Sojasauce und Sambal Oelek unterrühren. Die Sahne hinzufügen und alles köcheln lassen. Die Füllung auf den Teig in die Muffinform geben und den Käse darüberstreuen.

Die Muffins 20 Minuten im Ofen backen, bis sie eine schöne Farbe angenommen haben. Abkühlen lassen, dann in eine Lunchbox packen.

## Räuchertofu-Ajvar-Füllung

*½ Zwiebel, abgezogen*
*115 g Räuchertofu (½ Päckchen)*
*Öl zum Braten*
*5–6 TK-Brokkoliröschen*
*Salz, Pfeffer*
*120 g Ajvar*
*50–100 g Käse, gerieben*

Zwiebel und Tofu hacken und in Öl anbraten. Den Brokkoli in kleinere Stücke schneiden und mitbraten. Salzen und pfeffern. In jede Muffinform 1 Esslöffel Ajvar auf den Teig geben, dann die Füllung daraufgeben und den Käse darüberstreuen.

Die Muffins 20 Minuten im Ofen backen, bis sie eine schöne Farbe angenommen haben. Abkühlen lassen, dann in eine Lunchbox packen.

## Oliven-Tomaten-Feta-Füllung

*2 Knoblauchzehen, abgezogen*
*5 sonnengetrocknete Tomaten*
*10 Oliven*
*Öl zum Braten*
*50 g TK-Blattspinat*
*1 TL getrockneter Thymian*
*Salz, Pfeffer*
*100 g Feta*

Den Knoblauch fein hacken. Tomaten und Oliven klein schneiden und alles in Öl anbraten. Den Spinat zufügen, dann alles mit Thymian, Salz und Pfeffer abschmecken. Die Füllung auf den Teig in den Muffinformen geben und den Feta darüberstreuen.

Die Muffins 20 Minuten im Ofen backen, bis sie eine schöne Farbe angenommen haben. Abkühlen lassen, dann in eine Lunchbox packen.

## Taco-Füllung

*170 g übrig gebliebene Tacofüllung (siehe S. 68)*
*80 g TK-Mais*
*50–100 g Käse, gerieben*

Die Tacofüllung mit dem Mais vermengen. Die Füllung auf den Teig in die Muffinformen geben und den Käse darüberstreuen.

Die Muffins 20 Minuten im Ofen backen, bis sie eine schöne Farbe angenommen haben. Abkühlen lassen, dann in eine Lunchbox packen.

# Pizzaschnecken

15 Stück • 30 Min. + 40 Min. Gehzeit • lacto-vegetarisch • 0,1 kg $CO_2$/Stück

**Pizzaschnecken sind großartig! Du kannst den Teig mit allem belegen, was du gern auf Pizza magst. Dann rollst du ihn zu einer Rolle und schneidest Scheiben ab – genau wie sonst bei einer Biskuitrolle. Dies hier ist eine sehr leckere Füllung, finde ich!**

**Pizzateig**
*½ Päckchen frische Hefe*
*250 ml lauwarmes Wasser*
*1 TL Salz*
*1 ½ EL Oliven- oder Rapsöl*
*300–350 g Weizenmehl*

**Füllung**
*100 g TK-Ananas*
*115 g Räuchertofu (½ Päckchen)*
*4 EL Tomatenmark*
*100 g Käse, gerieben*
*1 EL getrockneter Oregano*
*1 Ei zum Bepinseln (nach Belieben)*

**ZU HAUSE** Die Ananas zum Auftauen aus dem Tiefkühlfach nehmen.

Für den Pizzateig die Hefe in eine Schüssel bröckeln, das Wasser zugießen und umrühren. Salz und Öl einrühren. Das Mehl einrühren, bis ein knetbarer Teig entsteht. Den Teig einige Minuten durchkneten und unter einem Küchentuch 40 Minuten gehen lassen.

Den Tofu in dünne Scheiben schneiden, die Ananas würfeln. Den Backofen auf 225 °C (Ober- und Unterhitze) vorheizen.

Den Teig, wenn er aufgegangen ist, auf der bemehlten Arbeitsfläche zu einem 30 x 45 cm großen Rechteck ausrollen. Mit dem Tomatenmark bestreichen und mit Tofu- und Ananasstücken belegen. Mit geriebenem Käse und Oregano bestreuen. Den Teig von der langen Seite her aufrollen und die Rolle in 15 Scheiben schneiden. Die Schnecken in Papier-Muffinformen, ein geöltes Muffinblech oder direkt auf ein mit Backpapier belegtes Backblech legen. Die Schnecken für einen schönen Glanz nach Belieben mit verquirltem Ei bepinseln.

Auf der mittleren Schiene im Backofen 15 Minuten goldbraun backen, dann herausnehmen und abkühlen lassen.

**Tipp!** Die Schnecken lassen sich gut einfrieren.

**Tipp 2!** Du kannst die Pizzaschnecken auch direkt auf dem Campingkocher backen, und zwar so wie die Zimtschnecken von S. 113.

**Einpacken**
- Pizzaschnecken

# Fünf Bananenballen

8 Stück • 15 Min. • vegan • $< 0{,}1$ kg $CO_2$/Stück

**In meinem ersten Buch gibt es ein Rezept für Bananenballen, das von Mette Nygård Havre stammt, die in Norwegen die Initiative »Spis opp maten« gegen Essensverschwendung betreibt. Weil Mette mich einmal auf einem Berggipfel in Bergen damit bewirtet hat, passen die Bananenballen auch gut in dieses Buch, finde ich. Denn sie sind nicht nur ein leckerer Outdoor-Snack, sondern auch himmlisch einfach zuzubereiten, wenn man braun gewordene Bananen retten will. Hier kommen ein paar Geschmacksvarianten:**

**Grundrezept**
2 braune Bananen
90 g Haferflocken
2–3 EL Kokosraspel

**… mit Blaubeeren und Kardamom**
60 g Blaubeeren (frisch oder TK)
1 TL gemahlener Kardamom

**… mit Karotte und Rosmarin**
1 geriebene Karotte
1 TL getrockneter Rosmarin
1 TL gemahlener Zimt

**… mit Preiselbeeren**
60 g Preiselbeeren (frisch oder TK)
60 g Rosinen
1 TL gemahlener Ingwer

**… mit Erdnüssen**
1 EL Erdnussbutter
1 EL zerstampfte Erdnüsse
1 EL Rosinen
1 Prise Salz

**… mit Kakao**
2 EL Kakao
½ TL gemahlener Kardamom
60 g Rosinen
1 Prise Salz

**ZU HAUSE** Die Bananen zerdrücken und mit Haferflocken, Kokosraspeln und den Zutaten der gewünschten Geschmacksrichtung vermengen. Zu acht Bällchen formen, diese auf einem Backblech im vorgeheizten Backofen bei 175 °C (Ober- und Unterhitze) 10 Minuten backen.

**Einpacken**
- Bananenballen

# No-dough Cookie dough (oder Kichererbsenbällchen …)

15 Stück • 15 Min. • vegan • < 0,1 kg $CO_2$/Bällchen

**Diese Bällchen sind ein richtig guter Einstieg in die fantastische Welt der Kichererbsen! Insbesondere, wenn jemand keine Kichererbsen mag, kannst du nach dem Essen das Geheimnis offenbaren. Ich liebe diese Schokobällchen, die dank der Kichererbsen ein wenig wie roher Teig schmecken. So lecker!**

*250 g gekochte Kichererbsen (gut 85 g getrocknete, alternativ 1 Dose)*
*5 frische Datteln, entsteint*
*50 g Kokosraspel plus etwas mehr zum Wälzen*
*70 g Sonnenblumenkerne*
*2 EL kalter Kaffee*
*1 Prise Salz*
*50 g Zartbitterschokolade (70 % Kakaoanteil)*
*60 g Haferflocken*

**ZU HAUSE** Die Kichererbsen im Standmixer oder mit dem Stabmixer zu einer Masse pürieren. In eine Schüssel geben. Datteln, Kokosraspel und Sonnenblumenkerne ebenfalls im Standmixer fein pürieren und unter die Kichererbsen mischen. Kaffee und Salz einrühren. Die Schokolade fein hacken und einrühren, zum Schluss die Haferflocken hinzufügen.

Die Masse zu Bällchen formen und in den Kokosraspeln wälzen. Im Kühlschrank aufbewahren (oder einfrieren).

**Einpacken**

- No-dough Cookie dough

# Tahini-Cookies

6 Stück • 25 Min. • vegan • 0,1 kg $CO_2$/Cookie

**Diese Cookies sind super einfach zu machen und extrem lecker! Die Beeren kannst du je nach Geschmack austauschen – ich finde Preiselbeeren am besten.**

*85 g gekochte Kichererbsen oder große weiße Bohnen*
*30 g Haferflocken*
*1 TL gemahlener Zimt*
*½ TL gemahlener Ingwer*
*3 frische Datteln, entsteint*
*1 EL Tahini (oder Erdnussbutter)*
*60 g Preiselbeeren (frisch oder TK)*

**ZU HAUSE** Den Backofen auf 175 °C (Ober- und Unterhitze) vorheizen.

Alle Zutaten bis auf die Preiselbeeren im Standmixer oder mit dem Stabmixer zu einem glatten Teig pürieren. Die Preiselbeeren unterheben (frische Beeren evtl. in den Teig drücken, damit sie sich gleichmäßig im Teig verteilen).

Den Teig zu einer langen Wurst formen, diese in etwa 1 cm dicke Scheiben schneiden.

Die Cookies mit etwas Abstand auf ein mit Backpapier belegtes Backblech legen und 15 Minuten im Ofen backen.

**Tipp!** Die Cookies kannst du einfrieren.

**Einpacken**
- Cookies

# Süße Crêpes mit Apfelfüllung

8 Stück • 30 Min. • ovo-vegetarisch • 0,1 kg $CO_2$/Crêpe

**Wenn du schon einen salzigen Crêpe gegessen hast (siehe S. 47), wäre es gar nicht so dumm, zum Nachtisch noch einen süßen zu genießen! Oder du isst einfach nur den süßen – ideal für eine Zwischenmahlzeit oder Kaffeepause im Grünen!**

**Crêpesteig**

*70 g Buchweizenmehl*
*400 ml Pflanzendrink*
*1 Prise Salz*
*3 Eier*

**Füllung**

*2 EL Rohrohrzucker*
*1 TL gemahlener Zimt*
*1 TL gemahlener Kardamom*
*2–3 Äpfel*

*Butter oder Öl zum Braten*

**ZU HAUSE** Für den Teig Buchweizenmehl, Pflanzendrink und Salz in einer Schüssel vermengen, die Eier unterrühren. In eine Thermosflasche oder einen anderen Behälter umfüllen und im Kühlschrank stehen lassen, bis du das Haus verlässt.

Zucker, Zimt und Kardamom in einem Schraubglas mischen.

**DRAUSSEN** Die Äpfel entkernen und in Spalten schneiden.

Den Campingkocher anzünden. Etwas Butter oder Öl in einem Kochtopf erhitzen und die Apfelspalten darin bei mittlerer Hitze braten. Die Gewürzmischung darüberstreuen und immer wieder rühren. Die Äpfel sind fertig, sobald sie beginnen, weich zu werden. Beiseitestellen.

Etwas Butter oder Öl in der Pfanne erhitzen und die Crêpes darin bei mittlerer Hitze backen. Mit der Apfelfüllung servieren und sofort essen.

**Lieber vegan?** Die Eier weglassen, stattdessen insgesamt 600 ml Pflanzendrink und 280 g Buchweizenmehl nehmen.

**Tipp!** Für Gourmet-Crêpes kannst du Vanilleeis dazu servieren – das kannst du in einem Thermobehälter mitbringen. Oder es gibt Schlagsahne dazu: Schlage sie entweder zu Hause oder schüttle sie vor Ort in ihrer Verpackung, bis sie ein wenig steif wird – dazu musst du aber zuerst etwas Sahne abgießen.

**Zu Hause vorbereiten**
- Crêpeteig
- Gewürzmischung

**Einpacken**
- Essen, Beilagen, Öl, ggf. weitere Zutaten
- kleinen Topf, Pfanne
- Campingkocher inkl. Brennstoff und Feuerzeug
- Schneidebrett, scharfes Messer, Pfannenwender
- Besteck, Essgeschirr

# Ingwerbirnen mit Eis aus der Thermosflasche

4 Portionen • 15 Min. • vegan • 0,2 kg $CO_2$/Portion

**Wenn es etwas gibt, was du dir bei diesem Rezept besonders merken solltest, dann das: Du kannst Eiscreme mit auf deine Ausflüge nehmen, und zwar in einem Thermobehälter! Genial, oder? Das ist nicht nur billiger als Eis vom Kiosk, sondern mit diesem Superhack kannst du das Eis auch an spektakuläre und abgelegene Stellen mitnehmen!**

*2 Birnen*
*Butter oder Margarine zum Braten*
*1 EL frisch geriebener Ingwer*
*2 EL Rohrohrzucker*
*1 TL gemahlener Zimt*

*dein Lieblingseis (Menge nach Belieben)*

**ZU HAUSE** Ingwer, Zucker und Zimt in ein kleines Schraubglas geben. Das Eis in eine Thermosflasche oder einen Thermobehälter füllen.

**DRAUSSEN** Die Birnen entkernen und in Spalten schneiden.

Den Campingkocher anzünden. Butter oder Margarine in der Pfanne erhitzen, darin die Birnenspalten einige Minuten braten, zwischendurch wenden, damit alle Seiten warm werden. Die Zucker-Gewürz-Mischung dazugeben und unter Rühren weitere 2–3 Minuten braten. Die Birnen sind fertig, wenn sie beginnen, weich zu werden und wenn der Zucker karamellisiert.

Die Birnen mit dem Eis servieren.

**Tipp!** Für den Eistransport nehme ich am liebsten einen breiteren Thermobehälter, weil man ihn besser befüllen kann, aber eine normale Thermoskanne geht auch. Das Eis bleibt mindestens zwei Stunden kalt, wenn dein Behälter die Temperatur gut hält.

**Tipp 2!** Als Nachtisch empfehle ich, gepflückte oder mitgebrachte Beeren auf dem Campingkocher zu erwärmen und zusammen mit Eis zu essen. Einfacher geht's nicht!

**Zu Hause vorbereiten**
- Gewürzmischung

**Einpacken**
- Zutaten für die Birnen
- Thermobehälter mit Eis
- Schneidebrett, scharfes Messer
- Pfanne
- Campingkocher inkl. Brennstoff und Feuerzeug
- Essgeschirr, Besteck

# Bananenkuchen

10 Stücke • 60 Min. • ovo-vegetarisch • 0,1 kg $CO_2$/Stück

**Dass ein Bananenkuchen das Weltbeste ist, was man aus braun gewordenen Bananen machen kann, ist ja hinlänglich bekannt. Nicht ganz so bekannt ist, dass ein Bananenkuchen draußen ganz besonders gut schmeckt – du solltest das wirklich mal ausprobieren! Vielleicht liegen ja gerade ein paar ältere Bananen in deiner Obstschale? Ein sicheres Zeichen dafür, dass eine Kaffeepause im Freien ansteht!**

*4 sehr reife Bananen*
*50 ml Rapsöl*
*60 g Weizenmehl*
*70 g Buchweizen- oder Sojamehl (alternativ weitere 60 g Weizenmehl)*
*1 TL Backpulver*
*1 TL gemahlener Zimt*
*1 TL gemahlener Kardamom*
*2 TL Chiasamen*
*1 Prise Salz*
*3 Eier*

*Öl und Kokosraspel oder Semmelbrösel für die Form*

**ZU HAUSE** Den Backofen auf 175 °C (Ober- und Unterhitze) vorheizen.

Bananen und Öl zu einer glatten Sauce verrühren. Die trockenen Zutaten in einer Schüssel vermengen. Die Eier unter die trockenen Zutaten heben, dann die Bananensauce einrühren, bis ein glatter Teig entsteht.

Eine Kastenform einölen und mit Kokosraspeln oder Semmelbröseln ausstreuen. Den Teig einfüllen.

Auf der mittleren Schiene im Ofen etwa 40 Minuten backen, der Kuchen sollte innen nicht mehr feucht sein.

In der Form abkühlen lassen, dann aus der Form lösen und in Stücke schneiden.

**Lieber vegan?** Die Eier durch 100 ml aufgeschlagenes Aquafaba (Kichererbsenflüssigkeit) ersetzen.

**Tipp!** Du hast reife Bananen, aber keine Zeit zu backen? Schneide sie in Scheiben und friere sie ein, dann kannst du sie später zum Backen herausnehmen. Oder du machst daraus Bananeneis, indem du sie gefroren in den Standmixer gibst. Das Eis kannst du dann im Thermobehälter mitnehmen.

**Einpacken**

- Bananenkuchen

# Wunderbarer, einfacher Blaubeerkuchen

8 Stücke • 45 Min. • lacto-ovo-vegetarisch • 0,2 kg $CO_2$/Stück

**Als ich in einem Sommer einmal extrem viele Blaubeeren gepflückt hatte, machte ich daraus einen Kuchen, der richtig gut war. So gut, dass ich begann, damit zu experimentieren – bis er zum Schluss wirklich absolut fantastisch wurde! Trotzdem ist er immer noch ganz einfach zu backen. Und wenn ausgerechnet ich als mittelmäßige Bäckerin das sage, kannst du dich darauf verlassen!**

*100 g Butter oder Margarine*
*250 g Blaubeeren (frisch oder TK)*
*Kokosraspel, Mehl oder Semmelbrösel für die Form*
*180 g Weizenmehl*
*120 g Zucker*
*1 TL Vanillezucker*
*1 TL gemahlener Kardamom*
*1 Prise Salz*
*3 Eier*

*50 g schwedische Mandelmasse (alternativ Marzipanrohmasse)*

**ZU HAUSE** Die Butter oder Margarine schmelzen und zum Abkühlen beiseitestellen. Gefrorene Blaubeeren auftauen lassen. Eine Kuchenform mit etwa 24 cm Durchmesser einfetten und mit Kokosraspeln, Mehl oder Semmelbröseln ausstreuen.

Den Backofen auf 175 °C (Ober- und Unterhitze) vorheizen. Mehl, Zucker, Vanillezucker, Kardamom und Salz in einer Schüssel vermengen. Die Eier vorsichtig unterheben, dann die geschmolzene Butter zufügen. Den Teig in die Form füllen und die Mandelmasse gleichmäßig darüberreiben. Die Blaubeeren obenauf geben – gefrorene Beeren zuerst etwas ausdrücken.

Im Ofen auf der mittleren Schiene etwa 30 Minuten backen. Beim Herausnehmen sollte der Kuchen in der Mitte noch ein wenig klebrig sein.

**Tipp!** Mandelmasse lässt sich besser reiben, wenn sie direkt aus dem Kühlschrank kommt.

**Tipp 2!** Dieser Kuchen ist ziemlich kompakt. Wenn du einen luftigeren Kuchen möchtest, kannst du 1½ TL Backpulver zu den trockenen Zutaten geben, bevor du Eier und Butter einrührst.

**Lieber vegan?** Nimm vegane Margarine und ersetze die Eier durch 100 ml Aquafaba. Vor dem Unterheben steif schlagen.

**Einpacken**
- Kuchen

# Johannas unglaublicher Safrankuchen

10 Stücke • 45 Min. • lacto-ovo-vegetarisch • 0,2 kg $CO_2$/Stück

**Johanna ist eine meiner engsten Freundinnen und außerdem meine Kollegin. Einer der Gründe, warum ich so froh darüber bin, mit ihr arbeiten zu dürfen, ist, dass sie meine Vorliebe für das Essen im Freien teilt. Daher verbringen wir unsere Besprechungen oft im Freien mit etwas Leckerem. Ein weiterer Grund: Immer zu Weihnachten backt Johanna diesen Kuchen, und der ist so wahnsinnig lecker, dass ich jedes Mal fast ausflippe! Am besten backst du gleich ganz viel davon und befüllst die Tiefkühltruhe damit.**

*125 g Butter*
*100 g weiße Schokolade*
*½ g Safran*
*100 g schwedische Mandelmasse (alternativ Marzipanrohmasse)*
*140 g Buchweizenmehl*
*200 g Zucker*
*1 Msp. Salz*
*3 Eier*

*etwas Butter, außerdem Kokosraspel oder Semmelbrösel für die Form*
*nach Belieben Puderzucker zum Bestäuben*

**ZU HAUSE** Den Backofen auf 200 °C (Ober- und Unterhitze) vorheizen.

Die Butter in einem kleinen Topf schmelzen. Die Schokolade grob in Stücke brechen. Die Butter vom Herd nehmen, Schokolade und Safran einrühren.

Die Mandelmasse reiben und in einer Schüssel mit Buchweizenmehl, Zucker und Salz mischen. Die Butter-Schoko-Mischung einrühren. Die Eier nacheinander unterrühren, bis ein glatter Teig entsteht.

Eine Kuchenform mit etwa 25 cm Durchmesser einfetten und mit Kokosraspeln oder Semmelbröseln ausstreuen. Den Teig hineingeben und auf der mittleren Schiene 30 Minuten im Ofen backen. Den Kuchen im Auge behalten, damit er nicht anbrennt – wird er oben zu braun, ist aber noch nicht fertig, einen Deckel oder Alufolie auf die Form legen.

Herausnehmen und abkühlen lassen, dann in Stücke schneiden. Den Puderzucker, falls gewünscht, direkt vor dem Servieren auf den Kuchen stäuben.

**Einpacken**
- Kuchen

**Lieber vegan?** Anstelle der Butter pflanzliche Margarine und vegane weiße Schokolade verwenden. Statt der Eier 100 ml Aquafaba (Kichererbsenflüssigkeit) aufschlagen.

# Dreierlei Teigschnecken vom Campingkocher

15 Stück • 60 Min. (inkl. Gehzeit) • lacto-vegetarisch • 0,1 kg $CO_2$/Stück

**Auf Instagram folge ich der Norwegerin Bodil Dall, ein echter Outdoor-Fan. Als ich zum ersten Mal ihre Zimtschnecken sah, die sie aus fertigem Pizzateig mit Butter, Zimt und Zucker gemacht hatte, lief mir das Wasser im Mund zusammen. Ich verwende selbst gemachten Pizzateig und drei meiner Lieblingsfüllungen. Vielen Dank für die Inspiration, Bodil!**

**Pizzateig**
*siehe S. 63*

*Öl oder Mehl für das Backpapier*
*Öl oder Butter zum Backen*

**Füllung für Zimtschnecken**
*75 g Butter*
*2 TL gemahlener Zimt*
*40 g Zucker*

**Füllung für Safran-Mandel-Schnecken**
*75 g Butter*
*50 g Marzipanrohmasse, gerieben*
*1 TL Vanillezucker*
*½ Päckchen Safran*

**Füllung für Kardamom-Apfel-Schnecken**
*75 g Butter*
*1 TL gemahlener Kardamom*
*120 g Apfelmus*

**ZU HAUSE** Als Erstes den Pizzateig gemäß der Anweisung auf S. 63 zubereiten.

Unterdessen die Füllungen vorbereiten: Die Butter jeweils mit den übrigen Zutaten verrühren. Die Füllung in einem Schraubglas oder einer Dose aufbewahren, wenn sie draußen verarbeitet werden soll. Soll alles zu Hause zubereitet werden, die Füllung beiseitestellen, bis der Pizzateig fertig aufgegangen ist.

Den aufgegangenen Teig auf einem bemehlten oder eingeölten Stück Backpapier zu einem 30 x 45 cm großen Rechteck ausrollen. Mit der Füllung bestreichen, von der kurzen Seite ausgehend aufrollen (wenn der Teig erst draußen gefüllt wird, mitsamt Backpapier aufrollen und einpacken).

**DRAUSSEN** Den Teig ausrollen, mit der Füllung bestreichen und noch einmal ohne das Backpapier aufrollen. Die Teigrolle mit einem scharfen Messer in 1 cm breite Scheiben schneiden.

Den Campingkocher anzünden und auf mittlere Hitze stellen. Die Teigschnecken in der Pfanne von beiden Seiten in etwas Öl oder Butter backen, bis sie eine schöne Farbe annehmen.

**Tipp!** Du kannst auch fertigen Pizzateig nehmen.

**Einpacken**
- Teig, Füllungen und Butter/Öl zum Braten
- evtl. Buttermesser oder Teigschaber zum Bestreichen mit der Füllung
- Schneidebrett, scharfes Messer, Pfannenwender
- Pfanne
- Campingkocher inkl. Brennstoff und Feuerzeug

# Popcorn

1 kleinen Topf • 5 Min. • vegan/lacto-vegetarisch • 0,2–0,4 kg $CO_2$/Topf

**Für mich ist Popcorn der allerbeste Snack: Lecker, einfach und unglaublich billig. Und dazu noch praktisch zum Mitnehmen. Auf dem Campingkocher funktioniert das Poppen der Maiskörner mindestens genauso gut wie auf dem Herd. Einfach nur mit Salz schmeckt Popcorn immer, aber probiere unbedingt auch diese beiden leckeren Geschmacksrichtungen!**

*80–150 g Popcornmais*
*einige EL Öl*
*Salz*

**Dill-Parmesan-Geschmack**
*1 EL getrockneter oder frisch gehackter Dill*
*20 g Parmesan, gerieben*
*1 EL Butter (nach Belieben)*

**Garam-Masala-Geschmack**
*1 EL Garam Masala*
*1 EL Butter*

**DRAUSSEN** Den Campingkocher anzünden und einen großen Topf daraufstellen. Den Topfboden mit Öl bedecken. Etwas Popcorn in den Topf geben (noch nicht alles). Wenn das erste Maiskorn poppt, ist das Öl warm genug, dann das restliche Popcorn in den Topf geben und den Deckel auflegen. So lange warten, bis das Poppen langsam aufhört, dann von der Flamme nehmen. Salzen.

Für das Dill-Parmesan-Popcorn Dill und geriebenen Parmesan über das Popcorn streuen und umrühren. Wenn der Parmesan am Popcorn haften soll, etwas Butter in der Pfanne schmelzen und über das Popcorn gießen, bevor der Parmesan dazukommt.

Für das Garam-Masala-Popcorn das Garam Masala einige Minuten in der Butter in der heißen Pfanne rösten. Über das fertige Popcorn gießen und umrühren.

**Tipp!** Wenn du das Popcorn schon zu Hause machen und mitnehmen willst, transportiere es in einer Papiertüte, damit es frisch und knackig bleibt.

**Einpacken**

- Popcornmais, Öl, Salz und evtl. Zutaten für verschiedene Geschmacksrichtungen
- großen Topf, Pfanne
- Campingkocher inkl. Brennstoff und Feuerzeug

# Heiße Schokolade

2 Becher • 10 Min. • vegan • 0,1 kg $CO_2$/Becher

**Kardamom und Zimt verleihen heißer Schokolade das gewisse Etwas. Es muss auch gar nicht knackig kalt sein, um das schöne wärmende Gefühl zu genießen – das funktioniert genauso gut an einem regnerischen Herbsttag. Koch dir die heiße Schokolade auf dem Campingkocher oder zu Hause für die Thermosflasche.**

*500 ml Pflanzendrink*
*4 TL Kakaopulver*
*2 TL Zucker*
*1 Msp. gemahlener Kardamom*
*1 Msp. gemahlener Zimt*
*1 Prise Salz*

*geschlagene Sahne als Topping (nach Belieben)*

**ZU HAUSE/DRAUSSEN** 100 Milliliter Pflanzendrink in einen kleinen Topf geben. Die trockenen Zutaten mit dem Schneebesen einrühren, bis sie sich aufgelöst haben. Den restlichen Pflanzendrink einrühren und alles erwärmen.

Nach Belieben mit Sahne servieren – entweder zu Hause geschlagen oder vor Ort in der Verpackung geschüttelt, bis sie ein wenig steif wird. In diesem Fall zuerst etwas Sahne aus der Packung abgießen.

**Einpacken**

- Thermosflasche mit heißer Schokolade
- Becher
- evtl. Sahne

# Eiskaffee

2 Gläser • 5 Min. • vegan • < 0,1 kg $CO_2$/Glas

**Ich liebe Kaffee: Mit einer Thermosflasche rauszugehen und dann eine dampfende Tasse Kaffee an einem schönen Ort zu genießen, gehört für mich zu den Highlights des Outdoor-Lebens. An heißen Tagen ist das allerdings nicht das Richtige. Die Lösung für Kaffeesüchtige? Eiskaffee natürlich! Ich empfehle, übrig gebliebenen Kaffee als Eiswürfel einzufrieren, um diese dann herauszunehmen, wenn die Temperatur oder die Stimmung ruft: Eiskaffeeeeee!**

*8–10 Kaffee-Eiswürfel*
*200–300 ml kalter Pflanzendrink*
*Zucker oder Honig zum Süßen (nach Belieben)*

**ZU HAUSE** Die Kaffee-Eiswürfel in eine Thermoskanne geben und den Pflanzendrink daraufgießen.

**Tipp!** Eine tolle Eiskaffeevariante: 200 ml kalten Kaffee, 4 Kaffee-Eiswürfel, 200 ml kalten Pflanzendrink, 2 frische Datteln ohne Kerne und 4–5 zerstoßene Kardamomkapseln (oder gemahlenes Kardamom) in einem Standmixer mixen.

**Einpacken**
- Thermosflasche mit Eiskaffee
- Gläser oder Becher

# Eistee

2 Gläser • 5 Min. + Kühlzeit • vegan • < 0,1 kg $CO_2$/Glas

**Ich liebe richtig warme Sommertage. Das liegt auch daran, dass sie mich an einen Eistee erinnern, den wir zu Hause immer getrunken haben, als ich klein war – so ein sehr süßes Pulver mit Pfirsichgeschmack. Jetzt, wo ich älter bin, mag ich es nicht mehr so süß, aber die Abkühlung und den Pfirsichgeschmack finde ich immer noch gut. Diesen Eistee nimmt man an einem heißen Sommertag gern aus dem Rucksack!**

*500 ml Wasser*
*1 Teebeutel mit Früchtetee, z.B. schwarzer Tee mit Pfirsichgeschmack*
*½ TL Zucker oder Honig*
*2 Zitronenscheiben*
*einige Eiswürfel*

**ZU HAUSE** Das Wasser zum Kochen bringen, Teebeutel und Zucker bzw. Honig hineingeben. Gemäß Packungsangabe einige Minuten ziehen lassen. Den Teebeutel herausnehmen und den Tee abkühlen lassen, dann in den Kühlschrank stellen.

Wenn der Tee kalt ist, die Zitronenscheiben hineinlegen und einige Minuten ziehen lassen, dann zusammen mit den Eiswürfeln in eine Thermosflasche geben.

**Einpacken**
- Thermosflasche mit Eistee
- Gläser oder Becher

# Rezeptverzeichnis

## LUNCHBOX

## THERMOSFLASCHE/-BEHÄLTER

## CAMPINGKOCHER



## BEILAGEN UND SAUCEN

# Danksagung

In meinem ersten Buch gibt es ein kurzes Kapitel mit dem Titel »Essen im Freien«. Schon damals entstand in mir der Wunsch, ein ganzes Buch über dieses Thema zu schreiben. Ich bin sehr, sehr dankbar dafür, dass ich dies jetzt tun konnte. Daher will ich mich von Herzen bei allen bedanken, die meine Bücher gekauft haben, was mich in vielerlei Hinsicht dazu inspiriert hat, ein weiteres Buch zu schreiben. Danke auch an alle, die mich immer wieder nach Ideen für Outdoor-Mahlzeiten gefragt haben. Dieses Buch ist wirklich für euch!

Danke und immer wieder Danke an meine fantastische Buch-Gang: Ulrika, Helena und Emilie! Es gibt wirklich niemanden, mit dem ich lieber zusammenarbeite. Und ein kleiner Extra-Dank an Emilie, dafür, dass du uns an diesen schönen Platz in Trosa eingeladen hast und dass wir ein Abenteuer auf Alexander Island erleben durften!

Danke an Trangia, dass ihr so tolle Campingkocher herstellt und uns mit Ausrüstung für dieses Buch zur Seite stehen konntet. Danke an CarbonCloud, weil ich wieder euer Tool benutzen durfte, um den $CO_2$-Ausstoß der Rezepte zu berechnen.

Ich danke meinen Outdoor-Freundinnen und -Freunden Maria, Linn, Axel, Ossian, Anna und der kleinen Britta, die sich für dieses Buch haben fotografieren lassen. Und ich danke Johanna, die nicht nur für die Arbeit an diesem Buch unbezahlbar war, sondern auch meine Outdoor-Verbündete und Kollegin ist, mit der ich so vieles teile.

Danke an meine kleine Familie: Dick, danke, dass du immer bereit bist, auf Ausflüge mitzukommen, wenn meine Outdoor-Sucht zu stark wird. Geliebte kleine Ronja, danke, dass ich den Wald so erleben darf, wie du ihn erlebst. Schon allein deine Mama zu sein, ist ein Abenteuer, und mit dir im Wald zu spielen ist das schönste und lustigste Abenteuer überhaupt. Ich liebe euch beide so inniglich!

Und natürlich: Danke, liebe Natur. Danke Wald, danke Seen, danke Meer. Danke an alle, die sich um Wanderwege, Pfade und Picknickplätze kümmern und Bänke an magischen Orten aufstellen, damit wir sie genießen können. Ich hoffe, dass noch mehr Menschen entdecken können, was es da draußen alles Fantastisches gibt.